Broadbent/Hubmer Heute noch in Zungen reden?

Broadbent/Hubmer

Heute noch in Zungen reden?

Die Lehre vom Zungenreden

W. G. BROADBENT

Anhang I:
Urchristliche Offenbarungsgaben oder Täuschung?

Anhang II:
Wundererscheinungen und Endzeit

FRITZ HUBMER

VLM

Verlag der
Liebenzeller Mission
Bad Liebenzell

Die Originalausgabe des Hauptteiles erschien unter dem Titel
»The Doctrine of Tongues«, bei
W. G. Broadbent – Paeroa/New Zealand.

Übersetzung: Fritz Hubmer

(Die Bibelzitate sind fast durchweg der Luther-Übersetzung entnommen).

ISBN 3 88002 283 6

2. Auflage 1985

Umschlagfoto: Litera
Herstellung: St.-Johannis-Druckerei C. Schweickhardt
7630 Lahr-Dinglingen
Printed in Germany 21592/1985

Inhaltsverzeichnis

Vorwort

In Zungen reden, Visionen haben, Weissagungen empfangen sind aufregende Dinge. Sie bedeuten für den Träger solcher Erscheinungen, daß er dem sinnenfälligen Prozeß eines übernatürlichen Vorgangs, eines Wunders, beiwohnt. Daß solche Offenbarungswunder aus der Urchristenheit berichtet werden, weiß jeder Bibelleser.
Auch heute wird uns von einzelnen und von ganzen Gruppen gesagt, daß sie solche Gaben haben. Sie versichern uns auch, den Weg zu wissen, wie man zu ihnen gelangen kann.
Wer würde da nicht aufhorchen? Wieviel leichter müßte der Glaube tun, wenn er durch Zungenreden, Weissagung oder Gesichtesehen von Wunder zu Wunder, von Ekstase zu Ekstase gehen könnte!
Aber will Gott solche Stützen für den Glauben heute noch geben? Diese Frage wird verschieden beantwortet.
Unsere im Frühjahr 1972 erschienene Broschüre: Zungenreden, Weissagung – umkämpfte Geistesgaben (Gnadauer Verlag, 7306 Denkendorf, 173 Seiten), hat sich bereits eingehend mit dieser Frage befaßt. Kurz nach ihrem Erscheinen kam uns durch einen befreundeten Missionsmann eine Kleinschrift in englischer Sprache in die Hand. Sie trägt den Titel: The Doctrine of Tongues (Die Lehre der Zungen). Erst einige Zeit später kamen wir dazu, sie zu lesen. Diese exakte Arbeit hat uns dermaßen beeindruckt, daß wir sie anschließend ins Deutsche übertrugen.
Der Verfasser, W. G. Broadbent, ist Rechtsanwalt und beratender Rechtsbeistand am Obersten Gerichtshof von Neuseeland. Einer Anfrage zufolge gab er für die Übersetzung gerne die Abdruckerlaubnis.

In 1. Korinther 12, 8–10 werden bekanntlich neun Geistesgaben der Urchristenheit aufgeführt. Von drei derselben, darunter das Zungenreden und die Gabe der Weissagung, sagt Paulus in 1. Korinther 13, 8 prophetisch voraus, daß sie zu einer bestimmten Zeit »aufhören« werden. Der Verfasser fragt nun nach diesem Zeitpunkt und geht gleichzeitig mit theologischer Gründlichkeit der anderen Frage nach, warum es gemäß 1. Korinther 13, 8 gerade um das vorzeitige Aufhören d i e s e r Gaben aus der Reihe der andern Geistesgaben gehe.

Wer unsere oben genannte Broschüre mit der Arbeit von W. G. Broadbent vergleicht, wird feststellen, daß wir mit unseren biblischen Untersuchungen, trotz der unterschiedlichen Ausgangspositionen, zu denselben Ergebnissen kommen. Broadbents Argumente aber sind deshalb so überzeugend, weil er sie zur Hauptsache von den Gabenkapiteln (1. Kor. 12–14) selbst ableitet. Und dies in einer erstaunlich klaren Auslegungsweise. Damit bestätigt seine Arbeit nicht nur die biblische Richtigkeit der Gedankenführung unserer oben erwähnten Broschüre, sondern ergänzt und vertieft sie auch. Er weitet den Blick für die Bedeutung einer klaren Sicht in dieser Sache und zeigt der Gemeinde Jesu den so notwendigen biblischen Weg, wie sie der Versuchung entgehen kann, die mit der Frage nach den genannten Gaben nachweislich verbunden ist. W. G. Broadbent schreibt zur vorliegenden Übersetzung seiner Arbeit: »Möge der Herr die deutsche Herausgabe dieser Schrift segnen mit der Gnade, der Flut des Irrtums und des Verderbens zu widerstehen.«

Fritz Hubmer

Zur Einführung

Wir stellen hier der Broadbent'schen Arbeit über »Die Lehre der Zungen« einen Bericht von Dr. Gerald E. McGraw voran. Er schien uns geeignet, den Leser mitten in die eigentliche Problematik unseres Themas über das Zungenreden hineinzuführen. Der Verfasser ist theologischer Lehrer an einem Bible College in USA.

Er gab die freundliche Erlaubnis, seine reichen und zugleich erschütternden Erfahrungen beim »Prüfen von Zungen« in unserer Broschüre zu verwenden. *F. H.*

Die große Frage

Manche Leute betrachten die heutige charismatische Bewegung als die Erfüllung von Weissagungen, daß ein »Spätregen« die Christenheit vor der Entrückung der Gemeinde beleben werde. Eine lehrhafte Abhandlung dieser These ist hier nicht das Thema. Unsere Frage lautet vielmehr: Können wir mit Fug und Recht behaupten, daß die gegenwärtige weltweite Welle von Zungenreden vom Heiligen Geist gewirkt sei?

Übernatürliche Phänomene sind zu prüfen

Die Schrift mahnt uns im Alten wie im Neuen Testament, zwischen Licht und Finsternis zu unterscheiden und übernatürliche Phänomene zu prüfen. »Denn das Ohr prüft die Rede, wie der Gaumen die Speise schmeckt. Laßt uns ein Urteil finden, daß wir miteinander erkennen, was gut ist« (Hiob 34, 3–4). Eine Reihe neutestamentlicher Geistesgaben haben es mit dem Reden zu tun. Die Bibel mahnt uns da zu besonderer Wachsamkeit (vgl. Jak. 3, 2–10). Der erhöhte Herr lobt an der Gemeinde zu Ephesus: »Du hast geprüft die, welche sagen, sie seien Apostel und sind's nicht und hast sie als Lügner erfunden« (Offbg. 2, 2).

In der modernen charismatischen Bewegung behaupten viele, daß jeder, der mit dem Heiligen Geist erfüllt wird, in Zungen reden werde. Es braucht uns nicht zu überraschen, daß gewisse Leute verzweifelt nach diesem »Beweis« suchen. Ein junger Mann lag stundenlang auf dem Boden und flehte um die Zungengabe. In einem andern Fall wurde jemand von Leuten der charismatischen Bewegung dazu angehalten, das Wort »Halleluja« so oft zu wiederholen, bis Zungenrede aus ihm hervorbreche. In beiden Fällen bekamen diese Personen, was sie suchten. Ein späteres Prüfen offenbarte, daß in beiden Fällen ein Dämon eingedrungen war und die Zungenrede ausgelöst hatte.

In dem seelsorgerlichen, im Lichte der Bibel gehandhabten Prüfen zahlreicher Fälle von Zungenrede haben meine Mitarbeiter und ich festgestellt, daß vieles satanischen Ursprungs war.

Es ist schriftwidrig und infolgedessen ein satanischer Betrug, zu behaupten, daß jeder geisterfüllte Christ in Zungen reden müsse (vgl. 1. Kor. 12, 30). Die Theorie und Praxis ist heute in weiten Bereichen der Gemeinde zu einer Bahn geworden, auf der die menschliche Persönlichkeit für dämonische Einflüsse geöffnet wird. Wie entscheidend ist es da, daß wir »alles prüfen« und »das Böse meiden in jeder Gestalt« (1. Thess. 5, 21–22).

Die Grundlage für das Prüfen der Zungen

Zu Beginn seines zentralen Abschnitts über die Geistesgaben in den neutestamentlichen Briefen (1. Kor. 12–14) stellt Paulus den Gegensatz heraus zwischen den Geistesgaben einerseits und den früheren stummen Götzen der Korinther andererseits (1. Kor. 12, 2). Jener Götzendienst war mit Dämonie verbunden (1. Kor. 10, 20), und Paulus wollte seine Leser vor jedem Reden seitens eines falschen Geistes bewahren. Zusammenfassend hält er fest: »Niemand verflucht Jesus, der durch den Geist Gottes redet; und niemand kann Jesus den Herrn heißen ohne durch den Heiligen Geist« (1. Kor. 12, 3).
Wenn Gottes Geist durch einen Menschen redet, wird er jederzeit bezeugen, daß Jesus der Herr ist. Steht hingegen ein Dämon hinter einem übernatürlichen Rede-Phänomen, so wird er die Herrschaft Christi nicht akzeptieren, sondern vielmehr seinen Haß gegen Christus bekunden. Die Gemeinde muß gemäß 1. Korinther 12, 3 prüfen.
Die zweite wichtige Stelle hier ist 1. Johannes 4, 1–3. Wieder handelt es sich im Textzusammenhang um das Erfülltsein mit dem Heiligen Geist und um verbale Geistesgaben, d. h. um Gaben, die sich im Reden äußern. Wir zitieren: »Daran erkennen wir, daß Er in uns bleibt: an dem Geist, den Er uns gegeben hat. Ihr Lieben, glaubt nicht einem jeglichen Geist, sondern prüfet die Geister, ob sie von Gott sind; denn es sind viele falsche Propheten ausgegangen in die Welt. Daran sollt ihr den Geist Gottes erkennen: Ein jeglicher Geist, der da bekennt, daß Jesus Christus ist im Fleisch gekommen, der ist von Gott; ein jeglicher Geist, der Jesus nicht bekennt, der ist nicht von Gott« (1. Joh. 3, 24–4, 3).

Das Vorgehen beim Prüfen: Entlarven und befreien

Auf Grund obiger Worte der Schrift schließen wir, daß eine Zungenrede oder irgend eine weitere übernatürliche Äußerung geprüft werden kann. Etwa anhand folgender Fragen: Ist Jesus Gottes Sohn? / Bekennt der betreffende Geist, daß Jesus Christus ins Fleisch gekommen ist? / Bekennt er Jesus als den Herrn? / Kommt Jesus Christus leibhaftig wieder? / Wohnt alle Fülle der Gottheit in Jesus Christus leibhaftig?

Ein Geist kann nach seiner Zielsetzung ausgefragt werden, da die Grundabsicht des Heiligen Geistes in den Gläubigen klar in der Schrift festgehalten ist. Nämlich da, wo Jesus spricht: »Derselbe (der Geist der Wahrheit) wird mich verherrlichen; denn von dem Meinen wird er's nehmen und euch verkündigen« (Joh. 16, 14).

Unter den Geistesgaben wird heute keine derart hervorgehoben und gepriesen, wie diejenige der Zungen. Gerade diese Gabe aber birgt in sich die größten Möglichkeiten der Verführung und der Gefahr.

In der Linie der oben erwähnten biblischen Hinweise (1. Thess. 5; 1. Kor. 12 und 1. Joh. 4) ist beim Prüfen einer Zungenrede eine Gebetsgruppe der geeignete Rahmen. Es geschieht am besten in einer privaten Umgebung, mit einem Gruppenleiter und einer kleinen Gruppe von Betern und nur mit der vollen Einwilligung und bewußten Zusammenarbeit der Person, die in Zungen redet.

Nach einer Zeit des einleitenden Gebets ist es gut, aber nicht unbedingt erforderlich, daß diese Person in der Zunge rede. Dann muß der Gruppenleiter seine Fragen nicht an die Person richten, sondern an den Geist, der die Zungenrede hervorbringt. Der Fragende muß sorgfältig auf täuschende Antworten achten. Das Urteil darf nicht von dem Klang der Zungenrede noch von subjektiven Gefüh-

len abhängig sein, sondern muß auf den Antworten beruhen, die den im obigen Sinne biblisch begründeten Fragen folgen. Der Heilige Geist wird spontan und ausnahmslos Christus bezeugen. Ein dämonischer Geist wird eine oder mehrere Antworten äußern, die hartnäckig ausweichen. Dies bedeutet bereits Entlarvung (1. Joh. 4, 3 a). Ein Dämon mag zunächst eine Anzahl positiver Antworten geben – er will seine Handhabe im Leben des Opfers nicht fahren lassen – aber Beharrlichkeit und *Glaube* des Fragenden werden bald seine Identität, seinen Namen und seine Zielsetzung an den Tag bringen.
Wenn eine Zungenrede von einem oder von mehreren Dämonen hervorgebracht wird, so ist der Weg der Befreiung zu beschreiten. Die Person, die betrogen worden ist, muß als erstes mit klaren Worten Buße tun dafür, daß sie Satan Raum gewährt hat (vgl. Eph. 4, 27). Im Namen Jesu muß das Opfer sich dann von der satanischen Handhabe der falschen Zunge lossagen und ein entschlossenes Nein gegen jeden Geist, der Zungenrede von unten eingibt, erklären. Der Gruppenleiter soll im Namen Jesu den Dämonen gebieten, daß sie ausfahren – dahin, wo Gott sie weist (vgl. Luk. 8, 29. 31). Er soll dann prüfen, ob der Geist (die Geister) tatsächlich ausgefahren sind. Für solche Verfahren gibt Gott »die Gabe, Geister zu unterscheiden« (1. Kor. 12, 10).

Vier Beobachtungen der Seelsorge

Im Verlauf meiner eigenen Praxis dieses Prüfens von Zungen bei Menschen, die dafür an mich herangetreten sind, habe ich zusammen mit meinen Mitarbeitern ein Vierfaches gelernt.

1. *Ein erschreckend hoher Prozentsatz falscher Gaben*

Zuerst bin ich erstaunt und erschüttert im Blick auf den hohen Prozentsatz von dämonisch verursachten Zungen. Zu den Opfern solcher Verführung zählen Christen in praktisch allen Bereichen der USA, Leute in verschiedenen Altersgruppen, Tätigkeiten und denominationellen Kreisen.

Viele, aber nicht alle, erfuhren ihre Zungenrede in der persönlichen Stillen Zeit. Einige hatten Zweifel im Blick auf die Echtheit ihrer Gabe, doch viele waren völlig davon überzeugt, daß die Prüfung eine authentische Gabe des Heiligen Geistes offenbaren würde. Es bedeutete für uns einen nicht geringen Schock, festzustellen, daß über 90 Prozent derer, die ein Prüfen ihrer Zunge erbeten hatten, Zungen dämonischen Ursprungs entdecken mußten.

Einige Leute in der »alten« Pfingstbewegung und in der »neuen« charismatischen Bewegung geben zu, daß es dämonische Zungen gibt, doch die meisten zweifeln nicht daran, daß ihre Zunge echt sei. Eine junge Dame bat uns um ein Prüfen, weil sie unter Anfechtungen der Finsternis in ihrem Leben litt. In einigen allgemein einleitenden Fragen ermittelten wir, daß sie aus einer Pfingstgemeinde stammte und eine Zungengabe besaß. Zuversichtlich bezeugte sie, daß diese Gabe ganz gewiß göttlichen Ursprungs wäre. Eine Dame in jener Gemeinde hätte ihr versichert, sie (diese Dame) habe die Gabe der Geisterunterscheidung und die betreffende Zungenrede sei vom Heiligen Geist.

Als wir später zur Gebetsgemeinschaft mit dem Ziel des Prüfens zusammenkamen, entdeckten wir einen Geist, der sich »Jesus« nannte. Er haßte den Herrn Jesus Christus. Ich war auf der Hut, denn frühere Erfahrungen hatten uns erkennen lassen, daß Zungendämonen oft zwecks

Täuschung sich den Namen »Jesus« zulegen. Auf mein konsequentes Fragen hin gab der Dämon zu, daß er – und nicht der Heilige Geist – jene »Gabe« von Zungen gegeben hätte.

2. *Auch bewährte Christen sind gefährdet*

Ein zweites, was ich lernte, ist dies: Auch bewährte Christen können von einem Zungengeist heimgesucht werden. In einer Vortragsreihe über das Leben des geisterfüllten Gläubigen hatte ich während einiger Wochen in meiner Bibelklasse die Gaben des Geistes behandelt. Ich wußte von niemandem in unserem Kreis, der in Zungen redete. Ich schloß jedoch meine Behandlung der Geistesgabe der Zungen mit der kurzen Erklärung, daß jeder, der in Zungen rede, sich vergewissern solle, daß es nicht satanisch verursacht sei; denn Missionare hätten schon gehört, wie Zungenredner in ihrer Gegenwart Gott in der Sprache lästerten, die sie auf ihrem Feld gelernt hatten. Zungen müßten geprüft werden.

Ich hatte damals selbst noch keine Zungen geprüft, und auch meine Mitarbeiter waren darin ohne Erfahrung. Jemand bat um eine solche Prüfung. Die einzige Person, die aus jener Bibelklasse an uns herantrat, war eine bekannte, gläubige Frau – begabt, von ausgeglichenem Charakter, zuverlässig, eine Seelengewinnerin. Sie sagte, daß sie nur in ihrer persönlichen Stillen Zeit in Zungen rede. Sie schilderte uns eine entsprechende geistliche Erfahrung, die sie vor Jahren gehabt hätte. Wir konnten uns kaum vorstellen, daß diese feine Christin von einem Zungendämon beeinflußt sei. Dies sagte ich ihr auch. Aber sie war nicht zufrieden. Sie wandte sich später wieder an einen meiner Mitarbeiter. Wir prüften. Und wir merkten bald, daß eine Zunge sich in ihr äußerte, die gegen Christus, gegen die

Frau selbst und gegen uns bittere, haßerfüllte Worte sprach. Es war nicht zu bestreiten, daß ein dämonischer Zungengeist in der Frau wirkte.
Ich kenne bibelgläubige Ausleger, die von ihrer ursprünglichen Meinung abrücken mußten, als sie starke Indizien feststellten, daß auch wahre Gläubige von bösen Geistern beeinflußt, ja bewohnt werden können. Persönlichkeiten im Dienste des Herrn in Amerika sind mir bekannt, die viele Vorkommen von Zungen geprüft haben und – wie wir – einen hohen Prozentsatz als dämonisch entlarvten. Solches hatten auch sie bei sonst aufrichtigen und wahrhaft geistlichen Leuten beobachtet. Alle Anzeichen von Bekehrung und Wiedergeburt, von geistlichem Hunger und geistlichem Wachstum waren da, und es sei hier durchaus zugegeben, daß in der charismatischen Bewegung viele feine Gläubige dem Herrn oft mit mehr Eifer nachzufolgen trachten, als manche, die diese Bewegung ablehnen. Dennoch: Meine Erfahrungen in der Seelsorge führen mich zu der erschütternden Schlußfolgerung, daß zahllose Zeitgenossen, die in Zungen reden, vom Satan betrogen sind.

3. Die außergewöhnliche Schlauheit der Geister

Das dritte, was ich lernte, ist die außergewöhnliche Schlauheit von Zungengeistern.
Eine intelligente Absolventin einer Universität behauptete, daß sie ihre Zungengabe nur in der persönlichen Stillen Zeit tätige und sich dann in ihrem geistlichen Leben gehoben fühle. Ihre Gabe erwies sich als dämonisch.
In einer anderen Person, die ich kenne, war ein Dämon, der ihr Zungenrede vermittelt hatte, ferner ein Dämon namens »Wahre Zungen«, dessen Ziel es war, sie im Glauben zu belassen, daß ihre Zungenrede von Gott sei.

Und noch ein dritter Dämon wurde demaskiert, der sie oft zwischen den Zungenerlebnissen depressiv beeinflußte.
Bald nachdem eine Tochter aus einem römisch-katholischen Hause wiedergeboren war, gab sie in einer Freiversammlung das Zeugnis ihrer Bekehrung weiter. Alle Christen in jener Gruppe waren voll Freude. Sie ging zum Hause eines dieser Freunde in eine Gebetsgemeinschaft. Bald darauf redete sie in Zungen. Sie kam zu uns. Wir forschten in der Schrift, und sie sagte, sie wolle nicht mehr in Zungen reden, bis ihre Gabe geprüft worden sei. Eines Tages, als sie in verzagter Stimmung war, schien etwas in ihr zu sagen: »Ich gab dir diese Gabe, kannst du mir nicht vertrauen?« Später erzählte sie mir dies. Ich fragte sie, wessen Stimme wohl so reden würde, wenn doch der Heilige Geist von vornherein in der Schrift uns mahnt, die Geister zu prüfen. Sie begriff. Als sie sich prüfen ließ, antwortete der Zungengeist positiv auf erste gestellte Fragen; später verfing er sich in seiner eigenen List. Er gab mit Worten zu, er habe dieser jungen Tochter Zungen, Auslegung von Zungen und Prophetie gegeben.
Das Schrecklichste bei einer Erfahrung falscher Zungen ist wohl das Vorkommen von sündigen Äußerungen in einer Sprache, die die betreffenden Zungenredner selbst nicht verstehen. Ein junger Mann und ernster Christ kam zu mir nach engen Verbindungen mit der charismatischen Bewegung. Aus seinem Gebet und im Austausch mit ihm über geistliche Dinge merkte man, wie tief er den Herrn Jesus liebte. Er sagte, daß er häufig in seiner persönlichen Gebetszeit in Zungen rede.
Als wir die Zunge prüften, erwies sich sein Zungengeist als ein Dämon. Ein Missionar war bei uns im prüfenden Kreis und fragte, ob es möglich wäre, die in der Zungenrede formulierten Laute in verständliche Worte zu über-

setzen. Der Gruppenleiter befahl dem Zungengeist, die Laute in verständlichen Worten zu sagen. Die Antwort lautete: »Ich hasse euch, hasse euch, Jesus, Jesus, Jesus.« Das Opfer war ebenso erschrocken wie die andern Anwesenden.

Die besondere Gefahr falscher Zungen wird in der Art und Weise ersichtlich, wie sie sich eines Opfers bemächtigen, ihn allmählich an klaren, geistlichen Glaubensschritten hindern und sein Leben und Denken mehr und mehr auf die Zungen konzentrieren. Diese Geister legen sich manchmal »fromme« Namen zu, um ihre Identität zu tarnen, und tun alles, um ihr Opfer und dessen Seelsorger zu täuschen. Das ganze Reich Satans ist durch »viel List« gekennzeichnet; wahrscheinlich gibt es keine Geister der Finsternis, die schlauer vorgehen, als Zungengeister, die sich für den Heiligen Geist ausgeben.

4. *Die Opfer sind ahnungslos*

Das vierte, was ich beim Prüfen der Zungen lernte, war: Es braucht gar nicht viel, bis ein Zungendämon Einlaß findet – besonders da, wo unbiblische Lehrpunkte festgehalten werden. In einen Prediger, den ich kenne, drang ein Zungengeist ein, als er Christen der Pfingstbewegung in ihrem Heim besuchte. Der konservativ-pietistische Prediger äußerte nur den Gedanken, daß es tatsächlich segensreich sein könnte, eine Zungengabe zu haben. Er hatte weder um solche Zungen gebetet noch ernsthaft nach ihnen gesucht; doch plötzlich kam das Phänomen über ihn.

Eine Dame im mittleren Alter besuchte eine Versammlung der charismatischen Bewegung. Ein geheiligt aussehender älterer Mann dort ermunterte sie: »Geben Sie doch einfach Ihre Zunge hin.« Sie tat es. Sie empfing neun verschiedene dämonische Geister, die alle behaupteten, ihr Zungengaben gegeben zu haben.

Ich könnte mit vielen ähnlichen Beispielen fortfahren. Die obigen sollen nur die Methoden zeigen, welche Zungendämonen verwenden, um Zugang zu Christen zu bekommen. Gewiß, Gott gibt uns nie einen Stein, wenn wir Ihn um die gute Gabe Seines Geistes bitten (Luk. 11, 11–13); aber eine Fülle von Erfahrungen zeigt deutlich, daß schriftwidrige Ansichten über die Zungenrede Anlaß für Satan bedeuten, einem ahnungslosen Opfer nicht Brot, sondern Steine und Skorpione falscher Zungen zu geben. Gott hat nie gesagt, daß Er Seine unvorsichtigen Kinder automatisch vor jedem Irrtum bewahren werde.

Spielen wir nicht mit diesen Dingen! Unser persönlicher Eindruck und unsere Erfahrung weisen dahin, daß vieles von der gegenwärtigen Welle der Zungenrede satanische Verführung ist. Das Gebot der Stunde lautet: Die Zungen prüfen!*

*Anmerkung (F. Hubmer)

Dr. McGraw's Bericht sagt über das Ergebnis der von ihm und seinen Mitarbeitern geprüften Zungen: »Es bedeutete für uns einen nicht geringen Schock, festzustellen, daß über 90% derer, die ein Prüfen ihrer Zunge erbeten hatten, Zungen dämonischen Ursprungs entdecken mußten« (S. 15). Daraus haben Befürworter der Zungenbewegung den Schluß gezogen, daß mithin ein Rest von 10% als gottgewirkt bestätigt sei. Das trifft jedoch nicht zu. Erstens spricht Dr. McGraw von *über* 90% Zungen dämonischen Ursprungs, was ebensowohl 91 wie 99–100% bedeuten könnte. Einer mündlichen Auskunft zufolge muß dieser Hinweis von *»über«* 90% in der angedeuteten Richtung sogar sehr ernst genommen werden. Zum andern: Selbst wenn der Befund der Prüfung einen geringen Rest von nicht dämonisch bewirkten Zungen ergeben hätte, so wäre damit die Frage nach der Echtheit derselben noch nicht endgültig gelöst. Beim Aufbruch der ersten Zungenbewegung um die Jahrhundertwende ließen die Väter der »Berliner Erklärung« außer der dämonischen Herkunft falscher Zungen auch noch die Möglichkeit eines hysterisch-seelischen Bereiches offen.

I Die Lehre vom Zungenreden

Ein Hinweis:

Ehe Sie hier den Hauptteil dieses Buches über die »Lehre vom Zungenreden« lesen, sollten Sie den vorhergehenden Artikel »Zur Einführung« aus der Feder von Dr. Gerald E. McGraw über das »Prüfen der Zungen« zur Kenntnis genommen haben.
Sie finden dort eine wesentliche Begründung für die mancherlei Weckrufe dieses Buches vor, die mit lauter Stimme an Herz und Gewissen der Gläubigen dringen möchten, ehe durch Unwissenheit und falschem Hunger noch mehr Schaden angerichtet wird. *F. H.*

Wo kommt in der Heiligen Schrift das Zungenreden vor?

Zunächst ist zu sagen, daß es im Neuen Testament nur eine einzige Stelle gibt, in der der Herr selbst auf das Zungenreden hinweist, nämlich in Markus 16, 17.
Drei weitere Stellen haben wir in der Apostelgeschichte, in denen wir dem Zungenreden begegnen, in Apostelgeschichte 2, in Kapitel 10 und 19.
In den paulinischen Briefen sind es die Kapitel 12–14 des 1. Korintherbriefes, die Belehrungen über das Zungenreden enthalten.
Darüber hinaus finden wir nirgendwo Hinweise darauf, daß Menschen in anderen Zungen geredet hätten.

Als das Zungenreden aufkam

Als das Zungenreden zum erstenmal an Pfingsten in Erscheinung trat, lesen wir in Apostelgeschichte 2 u. a., wie Petrus das Pfingstgeschehen erklärte. Er nannte es eine Erfüllung der Weissagung aus dem Propheten Joel (Kap. 3, 1–5).

Eine sorgfältige Prüfung dieser Weissagung aber zeigt, daß Joel darin mit keinem Wort geweissagt hat, daß in Zungen geredet werde. Er weissagt lediglich, daß der Heilige Geist gegeben würde und Petrus sagt dazu: »Das ist's, was durch den Propheten Joel zuvor gesagt ist« (Apg. 2, 16).

Nun kann kaum übersehen werden, daß Joels Weissagung in ihrem *ganzen* Umfang erst zu einer späteren Zeit erfüllt werden wird. Wir erwarten dies im tausendjährigen Reich unseres Herrn. Bei dieser Vollerfüllung von Joel 3 wird der Heilige Geist ausgegossen über alles Fleisch, was ja an Pfingsten nicht geschah. Die Verse 4 und 5 der Joel-Verheißung erfüllen sich erst dann, wenn »der schreckliche Tag des Herrn kommen wird, wenn die Sonne sich in Finsternis verwandelt und der Mond in Blut«. Diese Worte und vor allem auch der Hinweis auf die (wörtl.) »Übriggebliebenen« in Vers 5 stimmen auch mit der Offenbarung und mit sonstigen Textstellen der Prophetie völlig überein. Deutlich geht aus dem allem hervor, daß das, worauf sich Joel bezieht, seine endgültige und vollkommene Erfüllung am »Tag des Herrn« bekommen wird; das heißt aber, in der Periode der Großen Trübsal und im tausendjährigen Reich.

In dieser Zeit ist damit zu rechnen, daß die Erde eine einheitliche Sprache haben wird. So lesen wir in Zephania 3, 9 (nach der Elberfelder Übersetzung): »Denn alsdann werde ich die Lippen der Völker in reine Lippen umwandeln, damit sie alle den Namen Jehovas anrufen und Ihm einmütig dienen.« Wenn also in Übereinstimmung mit dieser Verheißung im Millenium (1000jähriges Reich) alle Menschen mit *einer* Zunge sprechen werden, wie eine Reihe Ausleger Zephania 3, 9 verstehen, wäre das Zungenreden bedeutungslos und widersinnig.

Was demzufolge an Pfingsten geschah, war eine *Vorerfüllung* im Maße dessen, was einmal im Millenium (1000jähriges Reich) universale Erfahrung sein wird in der Ausgießung des Heiligen Geistes auf die dann vorhandene Menschheit. Während an Pfingsten die Erfüllung nur an einigen Männern und Frauen geschah, wird im Millenium der Geist auf alle Männer und Frauen ausgegossen werden.

Das große Ereignis, das an Pfingsten geschah, bedeutete die Ausgießung des Heiligen Geistes auf die Gemeinde Gottes. Und dieses große Ereignis war nun von einem Zeichen begleitet, auf das sich – wie schon erwähnt – die Weissagung Joels nicht bezogen hatte, nämlich die Offenbarung der Zungen.

Den ersten Hinweis auf dieses kommende Zeichen hatte – wie wir bereits sagten – nach Markus 16, 17 der Herr selbst gegeben.

Wie nun so oft bei den Lehraussagen der Heiligen Schrift, gibt uns der erste Hinweis auf den betreffenden Gegenstand, den Schlüssel dafür in die Hand, wie dieser Gegenstand auch bei einem späteren Vorkommen zu verstehen ist.

Der Herr sagt dort in Markus 16, 17–18: »Und dies sind die *Zeichen*, die da folgen werden denen, die da glauben:

1) in meinem Namen werden sie Teufel austreiben
2) sie werden in neuen Zungen reden

3) sie werden Schlangen vertreiben
4) wenn sie etwas Tödliches trinken, wird's ihnen nicht schaden
5) auf die Kranken werden sie die Hände legen, so wird's besser mit ihnen werden.«

Als nun unser Herr Jesus auf Erden lebte, wies Er sich aus als »erfüllt vom Heiligen Geist«. Dabei sprach Er jedoch nie in Zungen. Hier in Markus 16 aber sagt Er, daß eines der fünf Zeichen, die denen folgen sollen, die glauben, sein wird, daß sie in neuen Zungen reden.
Ganz augenscheinlich haben wir hier den Schlüssel zur Lehre des Zungenredens in der Aussage zu sehen, daß es sich um eine von Gott als »Zeichen« gegebene Offenbarung handelt. Und zwar als ein Zeichen, das denen folgt, die da glauben. Und in der Tat sehen wir in den Tagen, die dem Pfingstereignis folgten, daß die genannten Zeichen auch wirklich denen folgten, die da glaubten.
Daß es sich gerade beim Zungenreden um ein Zeichen und *nur* um ein Zeichen handeln sollte, bestätigt auch Paulus, wenn er in 1. Korinther 14, 22 eindeutig sagt: »Darum sind die Zungen zum ›Zeichen‹ *nicht den Gläubigen, sondern den Ungläubigen.«*

Der eigentliche Zweck eines Zeichens wird uns in Johannes 20, 30 und 31 genannt mit den Worten: »Auch viele andere Zeichen tat Jesus vor Seinen Jüngern, die nicht in diesem Buch geschrieben sind. Diese aber sind geschrieben daß ihr glaubet, Jesus sei Christus, der Sohn Gottes, und daß ihr durch den Glauben das Leben habt in Seinem Namen.«
So also sind die göttlichen Zeichen zu verstehen. Ein Zeichen ist nicht für sich selbst da. Es hat vielmehr die Aufgabe, eine Wahrheit zu lehren und zu beweisen.

Göttliche Zeichen dieser Art hatten vor allem ihre Bedeutung für jüdische Menschen, mehr als für irgend sonst jemand. Die Juden waren gelehrt worden, ein Zeichen anzuerkennen. In Bezug auf das Zeichen des Zungenredens ist daher beachtenswert, daß dieses Zeichen bei jenen drei Gelegenheiten, die uns in der Apostelgeschichte berichtet werden, durchweg vor Juden geschehen ist.

Auch in Korinth waren viele Juden, wie das aus Apostelgeschichte 18, 5 hervorgeht. Paulus bestätigt den Korinthern, daß die *Juden Zeichen fordern* und die Griechen nach Weisheit fragen (1. Kor. 1, 22). Es entspricht ganz dieser Feststellung, daß nunmehr die Botschaft an die Juden mit dem Zeichen der Zungenrede in Verbindung gebracht wurde, wie es in allen Fällen zu erkennen ist, in denen sich die Schrift auf diese Sache bezieht:

a) an *Pfingsten*, wo es in Apostelgeschichte 2, 36 heißt: »So wisse nun das ganze *Haus Israel* gewiß, daß Gott diesen Jesus, den ihr gekreuzigt habt, zu einem Herrn und Christus gemacht hat.«

b) in *Cäsarea*, wo wir in der Geschichte des Hauptmanns Cornelius lesen: »Und die Gläubigen aus den *Juden*, die mit Petrus gekommen waren, entsetzten sich, daß auch auf die Heiden (Nationen) die Gabe des Heiligen Geistes ausgegossen ward« (Apg. 10, 45).

c) in *Ephesus* sagt Paulus zu den zwölf Männern, die dort den Heiligen Geist empfingen: »Johannes hat mit der Taufe der Buße getauft und sagte dem *Volk*, daß sie sollten glauben an den, der nach ihm kommen sollte, das ist an Jesum, daß der Christus sei.« (Apg. 19, 4).

d) In Korinth schreibt Paulus den Korinthern, daß die Zungenrede als ein Zeichen für die gegeben sei, »die nicht glauben« (1. Kor. 14, 22). Daß er damit die Juden meint, beweist der vorausgehende Vers 21, in dem sich der Apostel auf das Gesetz bezieht und auf »dieses Volk«, wenn

er sagt: »Im Gesetz steht geschrieben: Ich will in anderen Sprachen und durch andere Lippen *zu diesem Volk* reden und auch also werden sie nicht auf mich hören, spricht der Herr.«
Der Zusammenhang ist klar: Mit diesem Vers zitiert Paulus den Propheten Jesaja (Kap. 28, 11–12), um zu beweisen, in welchem Sinn Zungen als Zeichen gegeben sind. Die an den Propheten geschulten Menschen in Israel haben diese Sprache des Zeichens ohne weiteres verstehen können.

Wunderzeichen geschehen nach einer göttlichen Planmäßigkeit

Alle »besonderen« Wunder der Schrift, zu welchen fraglos die Zungenrede gehört, entsprechen, klar erkennbar, einer bestimmten Planmäßigkeit. Wir haben diese Planmäßigkeit darin zu sehen, daß sie für besondere Perioden gegeben werden. Es fällt dabei auf, daß alle diese Perioden verhältnismäßig kurz sind. So sieht es auch Dr. C. I. Scofield (dem wir die Scofield-Bibel verdanken F. H.). Er sagt dazu: »Alle Wunder sind nur für einen bestimmten Zeitraum geschehen. So z. B. die Wunder, die die Befreiung Israels aus Ägypten vorbereiten mußten. Sie waren in der Wüste nicht mehr erforderlich und fielen daher weg. Die speziellen Wunder der Wüstenwanderung wiederum hörten auf, als der Jordan überquert war. Es wäre nie in Übereinstimmung mit den Gedanken Gottes gewesen, wenn Israel beispielsweise den Herrn hätte bitten wollen, Er möge doch die Wolkensäule, die sie durch die Wüste geleitet hatte, auch für die Besetzung der Erbteile des verheißenen Landes zur Verfügung halten. Das Wunder der Führung durch Wolke und Feuersäule hatte seinen

Zweck erfüllt und hörte auf. Wenn wir unter diesen Gesichtspunkten die Schrift auf die Gabe des Zungenredens untersuchen, werden wir finden, daß hier die Dinge ganz ähnlich liegen.«

Eine nach und nach zurückgehende Offenbarungsweise

An drei Etappen kann es verdeutlicht werden, daß die Zungengabe eine in Etappen nachlassende Offenbarungsweise Gottes war. Man achte auf folgendes:

Die erste Etappe der Zungenrede:
Das Zeichen der Zungenrede wurde mit großer Klarheit an Pfingsten gegeben. Als der Heilige Geist erschien, begannen *sie alle* mit anderen Zungen zu sprechen, »nachdem der Geist ihnen gab auszusprechen«. Bei jener weiteren Gelegenheit, als der Heilige Geist im Hause des Cornelius zum erstenmal auch über Gläubige aus den Heiden (Nationen) kam, wird berichtet: »Der Heilige Geist fiel *auf sie alle,* welche das Wort hörten ... denn sie hörten sie in Zungen sprechen und Gott verherrlichen.«
Wir wissen es bereits, daß nur bei drei Anlässen in der Apostelgeschichte das Zungenreden erwähnt wird, und in allen drei Fällen sind es Erstgelegenheiten dieser Erscheinung. Die dritte Gelegenheit war, als Paulus zwölf Männer auf dem Missionsfeld von Ephesus fand, die nur die Taufe des Johannes kannten. Auch hier lesen wir (Apg. 19): »Der Heilige Geist kam über sie und sie sprachen in Zungen und weissagten.« Es wird zwar nicht ausdrücklich gesagt, aber die Schlußfolgerung ist gewiß richtig, daß alle zwölf in Zungen redeten.
Das Geheimnis der ersten Etappe bezieht sich in jeder dieser Gruppen darauf, daß *alle* in Zungen redeten.

Die zweite Etappe:
Sobald wir über die erste Halbzeit des apostolischen Zeitalters hinauskommen, befinden wir uns kirchengeschichtlich in einer Zeit, in der das Neue Testament in der Bildung begriffen war. Während dieser Zeit schrieb Paulus seine Briefe an die Christengemeinden. Diese ließ Gott in Seiner Güte und nach Seinem Plan, in welchen ja auch wir mit aufgenommen sind, zu inspirierten Schriften des Neuen Testamentes werden. Aus diesem Zeitabschnitt, in welchem Paulus auch den ersten Korintherbrief schrieb, ist zu erkennen, daß sich im Blick auf die Zungenrede bereits ein Wechsel vollzogen hatte. So stellt Paulus in 1. Korinther 12, 30 die Frage: Sprechen *alle* in Zungen? Es ist dies eine rhetorische Frage, die die Antwort gleich in sich schloß: *Nicht alle* sprechen in Zungen! Zuvor hatte der Apostel jene andere Frage gestellt: Sind alle Apostel? – Auch hier lag die Antwort schon in der Fragestellung: Augenscheinlich nicht! So sagt er nun in Vers 30: Sprechen sie alle in Zungen? – Augenscheinlich nicht!
Der ganze Abschnitt über die Geistesgaben in 1. Korinther 12–14 hebt es in dieser zweiten Epoche der Anfangszeit heraus: *Einige* sprechen in Zungen – *nicht alle.*

Die dritte Etappe:
Im selben Abschnitt (1. Kor. 12–14) behandelt Paulus die Zungengabe als die am wenigsten bedeutende unter den Geistesgaben. Ja, er geht noch einen Schritt weiter und stellt fest, daß bezüglich der Offenbarung dieses Zeichens eine weitere Epoche kommen werde.
Er sagt in 1. Korinther 13, 8:
1) Die Liebe höret nimmer auf
2) Weissagungen werden weggetan
3) Zungen werden aufhören
4) Erkenntnis wird ein Ende haben.

Wir wissen nicht, ob Paulus selbst das gänzliche Aufhören der Zungen noch miterlebte; aber es war ihm gegeben, zu wissen, daß einige Zeit später, d. h. nach der Zeit, in der er seinen ersten Brief an die Korinther geschrieben hatte, die Zungengabe aufhören werde.
Wir haben weiter oben festgestellt, daß die Weissagung Joels von der Ausgießung des Heiligen Geistes keine Bezugnahme auf das Zungenreden enthalten hatte. Wenn nun in Verbindung mit dem 1000jährigen Reich die Joel-Weissagung in ihrer letzten Bedeutung erfüllt sein wird, würde die Zungengabe ohnehin keine Bedeutung mehr haben. Warum nicht? Einmal, weil dann mit einer Einheitssprache gesprochen wird (die Begründung für diese Annahme haben wir weiter oben ausgesprochen). Und zum andern weil hier keine Ungläubigen mehr sein werden, für die ein solches »Zeichen« erforderlich wäre.
Wir fragen nun etwas genauer:

In welcher Zeit sollte die Zungenrede aufhören?

Folgende Punkte müßten zu dieser Frage bedacht werden:

1. Paulus nimmt in keinem seiner späteren Briefe mehr Bezug auf das Zungenreden. Dabei war der 1. Korintherbrief einer seiner frühesten Briefe.

2. Petrus, Johannes und Jakobus schrieben ihre Gemeindebriefe erst nach dem 1. Korintherbrief. Ihre Aussagen über die verschiedenen Gegebenheiten der urchristlichen Praxis sowohl als ihrer Gemeindeordnungen stimmten gegenseitig überein. Aber wir finden nirgendwo bei ihnen ein Wort über das Zeichen der Zungenrede.

3. Im letzten Buch der Bibel, in der Offenbarung, die Johannes in hohem Alter geschrieben hat, ist eine Bezugnahme auf das Zungenreden ebenso nirgends zu finden.

4. Im 13. Kapitel des 1. Korintherbriefes wird uns gesagt, daß drei Dinge aufhören werden: Weissagung, Zungenreden und Erkenntnis. Die genannten Weissagungen der Urgemeinde, sowie die *damalige* Gabe der Erkenntnis waren ja jene übernatürlichen Offenbarungsgaben, durch welche die Wahrheit Gottes vermittelt wurde. Sie hatten der Urgemeinde zu dienen, ehe die Schriften des Neuen Testaments niedergeschrieben waren und dem Glauben zur Verfügung standen. Von diesen Gaben nun heißt es, daß sie aufhören sollten. Sie blieben auch tatsächlich aus und fielen schließlich ganz weg, sobald das Neue Testament fertiggestellt und für die Gläubigen verfügbar war. Wir haben dabei Grund zur Annahme, daß das Zungenreden von den anderen in Vers 8 genannten Gaben gesondert zu sehen ist, und daß nicht alle drei zusammen und zur selben Zeit aufhören sollten. Wir werden darauf im weiteren Verlauf unserer Abhandlung noch einmal zurückkommen.

5. Im gleichen Kapitel wird festgestellt, daß, während Weissagungen, Zungen und das besondere Erkenntniswunder der damaligen Zeit wegfallen werden, drei andere Dinge fortdauern, nämlich Glaube, Hoffnung und Liebe (V. 13). Es ist geradezu das Thema des ganzen Kapitel 13, daß *etliche Dinge aufhören* werden und *andere Dinge bleiben*. Logischerweise muß es also eine Periode geben, in welcher die Dinge, die bleiben sollen, sich über die Dinge hinaus fortsetzen, die aufhören. Nun wird zwar auch vom Glauben gesagt, daß er aufhören wird, nämlich dann, wenn er dem Schauen weichen muß. Ebenso wird dann

auch die Hoffnung aufhören, wenn an ihre Stelle die geschichtliche Verwirklichung und sichtbare Erfüllung tritt.
Wir wissen auch, wann dies geschehen wird. Der Glaube wird aufhören mit der Entrückung. Der Herr sagt zu Thomas: »Weil du gesehen hast darum glaubst du; selig sind die nicht sehen und doch glauben.« Es kommt aber jener Tag, an dem der Glaube dem Schauen weicht und »wir werden Ihn sehen, wie Er ist, und werden Ihm gleich sein« (1. Joh. 3, 2). Dann hat der Glaube aufgehört, der sich während des gegenwärtigen Zeitalters der Gemeinde fortsetzt und bis zum Schauen seine hohe Bedeutung behält. Genau so ist auch die Hoffnung von begrenzter Dauer, obwohl sie während des gegenwärtigen Zeitalters der Gemeinde ihre hohe Bedeutung hat und bis ans Ende des Zeitalters bleiben wird. In Römer 8 lesen wir: »Wie kann man des hoffen, das man sieht?« (V. 24). Während dieses Zeitalters, in dem die Hoffnung bleibt, erwarten wir den wiederkommenden Herrn und alles, was mit dieser Hoffnung verbunden ist. Wenn Er aber wiedergekommen ist, dann hoffen wir nicht länger, denn dann werden wir die Verwirklichung Seiner Gegenwart und der himmlischen Seligkeit haben. Die Hoffnung, die für die Dauer dieses Zeitalters bleibt, weicht dann ihrer sichtbaren Erfüllung.

Wenn nun aber Hoffnung und Glaube erst bei der Wiederkunft unseres Herrn aufhören, dann muß in Übereinstimmung damit, gemäß 1. Korinther 13, 8, Weissagung, Zungenreden und das urchristliche Gaben-Phänomen der Erkenntnis schon früher aufgehört haben. Das ergibt sich zwanglos aus dem Zusammenhang dieser Textstelle.

Eine spätere Auslegung in unserer Abhandlung über 1. Korinther 13 wird das noch deutlicher machen.*

* Sie befindet sich im Abschnitt V des I. Hauptteiles von Seite 73 ab (F. H.)

6. In Hebräer 2, 3–4 lesen wir mit Bezug auf die »so große Errettung«, von der dort die Rede ist, daß sie zuerst
a) gepredigt wurde durch den Herrn
b) auf uns gekommen ist durch die, so Ihn gehört haben
c) daß Gott ihnen (nämlich den Personen, die Ihn zu ihren Lebzeiten gehört haben) Zeugnis gab durch »Zeichen und Wunder und mannigfache Kräfte und mit Austeilung des Heiligen Geistes nach Seinem Willen.« Wir haben diese Hinweise gewiß auf nichts anderes zu beziehen als auf das Reden in anderen Zungen und auf jene weiteren Zeichen, die der Herr in Markus 16, 17 und 18 erwähnt hatte. Diese Zeichen, Wunder und mancherlei Kräfte werden im Hebräerbrief und damit für die Zeit, in der er verfaßt wurde, *nicht* als noch vorhandene Dinge angesprochen. Die Hebräerstelle bezieht sich vielmehr darauf, daß sie geschehen sind bei »den Ersten« und das als ein besonderes Zeugnis, das Gott denen gab, die den Herrn noch in Seinen Erdentagen gehört hatten.

7. Als Paulus in seinem späteren Leben an die Epheser schrieb, führt er in Kapitel 4, 11 die Gaben auf, die Gott im einzelnen für die Gemeinde bestimmt habe als geistliche Dienste und Kräfte. In dieser Liste ist vom Zungenreden nichts zu lesen. Daraus ergibt sich eine Schlußfolgerung. Nämlich die, daß es schon damals klar gewesen sein mußte und auch verstanden worden ist, daß die Zungengabe zu jenen Zeichen gehörte, die nicht für die ganze Dauer des Kirchenzeitalters gedacht war. Die Zungenrede hatte entweder damals bereits aufgehört oder würde (nach der Überzeugung des Apostels) bald darnach aufhören.

8. In 20 Büchern des Neuen Testamentes, die später geschrieben worden sind als der erste Korintherbrief, wird auf das Zungenreden nirgends mehr Bezug genommen.

9. Es ist bemerkenswert, daß ein ähnliches »Aufhören« einer Gabe auch im Alten Testament bereits beobachtet werden kann. In 4. Mose 11 lesen wir den Bericht darüber, wie die Dienstgabe des Heiligen Geistes, die Mose geschenkt worden war, von ihm weg auf 70 Älteste gelegt wurde. »Und als der Geist auf ihnen ruhte, weissagten sie« lesen wir dort. Es war eine besondere Offenbarung, die Gott in einer gewissen Einmaligkeit verliehen hatte. Aber der Bericht geht weiter. In 4. Mose 11, 25 heißt es, daß die Siebzig in dieser Weise *nicht fortgefahren* sind zu weissagen. Die wörtliche Übersetzung lautet: »aber sie fuhren nicht fort« (Elberfelder Übersetzung). Das heißt also, daß die Gabe der Weissagung schon gleich nach der ersten Offenbarung dieser Art aufgehört hatte.

Zusammenfassung

In der Frühzeit des apostolischen Zeitalters sprachen in den Gruppen, auf die sich der Bericht vom Zungenreden bezog, *alle* in Zungen. In der Mitte des apostolischen Zeitalters waren es *nur einzelne* – nicht alle. Als dann aber mit seiner Fertigstellung das Neue Testament für die Glaubensgemeinde zuhanden war, *»hörten die Zungen auf«*.

Der Grund für dieses stufenweise Nachlassen und das schließliche Aufhören des Zungenredens ist ohne weiteres klar und verständlich. Als unser Herr vom Ölberg aus in die Herrlichkeit fuhr, hinterließ Er eine kleine Schar von Nachfolgern. Sie selbst waren insgeheim ein schlüssiger Beweis für die Tatsache der Auferstehung ihres Herrn. Dieser Beweis aber hatte sich auf den Jüngerkreis beschränkt. Für die übrigen Menschen blieb er gänzlich unerkannt und verborgen. Dieser Tatbestand erforderte daher ein »Zeichen« vom Himmel her, das deutlich zu machen vermochte, daß diese kraftlosen, schwächlichen Menschen nunmehr von Gott als Sein Volk angenommen sind. Als die Gemeinde dieser Schwachen an Pfingsten ins Leben gerufen wurde, war das Zeichen, das nunmehr Tausenden beweisen konnte, wie Gott in ihnen gegenwärtig war, das Reden dieser Menschen in Zungen. Die Zungengabe war nicht erforderlich, um das Volk des Herrn selbst zu überzeugen. Für sie waren andere Offenbarungen imstande, ihnen Kenntnis von der innewohnenden Kraft des Heiligen Geistes zu verschaffen. Aber die Zungen überführten die Menschen, die sich in Jerusalem aus verschiedenen Gegenden des damaligen Weltkreises versammelt hatten. Sie hörten von völlig ungelehrten und unwissenden Leuten in ihrer eigenen Sprache das Heilsgeschehen der großen Taten Gottes.

II Was ergibt sich nun aus dem allem für das heutige Zungenreden?

Mit dieser Frage meinen wir die Menschen, die es auch heute für sich in Anspruch nehmen, daß Gott ihnen die Gabe des Zungenredens gegeben habe. Eine Macht oder Kraft ist in ihr Inneres gekommen. Diese versetzt sie zuzeiten in einen Zustand der Ekstase. In diesem Zustand stoßen sie dann zusammenhangslose Laute aus. Niemand braucht daran zu zweifeln, daß diese Erfahrungen etwas Reales sind und durchaus im geistigen Bereich dieser Menschen liegen. Aber ist dieses Phänomen von Gott und haben wir es dabei mit demselben »Zeichen« zu tun, auf das die Apostelgeschichte und der erste Korintherbrief Bezug nehmen, wenn sie vom Zungenreden sprechen?
Wir wollen es uns mit dieser Frage keineswegs leicht machen. Aber wenn wir sie nicht einfach mit einem Ja beantworten, dann hat das Gründe, die sowohl im Blickpunkt der Lehre als auch im Blickpunkt der praktischen Erfahrung liegen.
Dem ist im folgenden nachzugehen:

A: IM BLICKPUNKT DER LEHRE

1. Wir haben zu bedenken, daß der Zweck dieses Zeichens – wie oben ausgeführt – nicht mehr vorhanden ist. Gott aber verleiht keine unnötigen Zeichen. Wir haben deutlich darüber gesprochen und werden später weitere Gründe nennen, daß dieses Zeichen am Ende des apostolischen Zeitalters aufgehört hat. Schon von daher müßte es deutlich sein, daß das heutige Zungenreden nicht dasselbe sein kann wie damals. Es ist folglich etwas anderes und

nicht das göttliche Zeichen, als das es in der Schrift verstanden wird.

2. Gottes Wort ist unwandelbar. Weil Gottes Wort sagt: »Zungen werden aufhören«, so konnte Gott nicht irgend jemand eine Zungengabe gegeben haben, wenn jetzt gemäß Seines Wortes dieselben aufgehört haben.

3. Die Bedeutung, die solchen geistlichen Ekstasen – Zungenreden genannt – gegeben wird, steht in direktem Gegensatz zur Lehre der Schrift. In 1. Korinther 12 werden Weissagung und Zungenreden ausführlich miteinander verglichen. Weissagung, eine der damaligen Gaben der Verkündigung göttlicher Offenbarungen, wird in ihrer Bedeutung als viele Menschen segnende Gabe für weit höher geachtet als das Zungenreden. Aber in den heutigen Zungenbewegungen ist das Zungenreden sozusagen das »Sesam öffne dich« für alles, was einem Christen das Format seiner göttlichen Beglaubigung gibt.

4. Moderne Zungenredner predigen mit voller Überzeugung, daß das Zungenreden eine Gabe für jedermann sei. Dabei ist richtig, daß die Ekstase tatsächlich von irgend jemand erlangt werden kann. 1. Korinther 12 hingegen macht klar, daß in der damaligen Zeit und für die damalige Zeit die wirkliche Gabe des Zungenredens *nur für etliche* verfügbar war.

5. In vielen Zungenkreisen der Gegenwart sucht und ermutigt man *alle* dazu zu bringen, daß sie die Gabe der Zunge erwarten. Anders aber die Unterweisung von 1. Korinther 12–14. Nach ihr sind noch andere, wichtigere Geistesgaben vorhanden, die dort aufgeführt werden. Insbesondere wird dort auf die soeben erwähnte Gabe des

Weissagens verwiesen, die jetzt, nachdem die Gesamtweissagung Gottes im biblischen Wort zu finden ist, im »Weitersagen« der biblischen Botschaft besteht. Demgegenüber wird in den Kapiteln des 1. Korintherbriefes das Zungenreden unterbewertet.

6. Das genannte Verhalten der Zungenkreise bedeutet, daß solche Kreise gering halten, was Gott erhöht hat – nämlich die Gabe der Weissagung – und daß sie erhöhen, was die Schrift nur am Rande ihrer Gabenliste aufführt – nämlich das Zungenreden.

7. Wo auch immer die wahre Gabe des Zungenredens in den Tagen des Apostels Paulus in den Versammlungen in Erscheinung trat – die Regel für ihre Benutzung war durch die Schrift klar festgelegt.
a) Es sollten nie mehr als zwei oder drei in einer Versammlung in Zungen reden (1. Kor. 14, 27).
b) Dieses Reden der zwei oder drei hatte wiederum nach einer bestimmten Regel zu geschehen: es sollten nicht alle zusammen reden, sondern einer nach dem andern (V. 27).
c) Es durfte in den Versammlungen dann nicht in Zungen geredet werden, wenn nicht jemand zugegen war, der die mit dem Zungenreden verwandte Gabe der Auslegung besaß und auslegen konnte, was in Zungen geredet war (V. 28).
In den uns heute bekannten Kreisen der Zungenbewegung geraten vielfach zu gleicher Zeit mehrere in die Ekstase – also mehr als drei – und sie sprechen so durcheinander, daß eine Auslegung der Zungensprache gar nicht mehr möglich wäre. Zwar wird, nach unserer Beobachtung, gelegentlich zum Schein einer Auslegung die Regel des Nacheinander beachtet; aber es ist die Ausnahme von der Regel.

Was aber so augenscheinlich der Schrift widerspricht kann nicht von Gott sein.

8. Paulus gibt der Vernunft (Luther: dem Sinn) oder dem verständlichen Reden den Vorrang und betont demgegenüber den geringeren Wert des Zungenredens. Er sagt – und sein Wort wurde zum inspirierten Träger des Wortes Gottes an uns –: »Ich will lieber fünf Worte sprechen mit meinem Sinn (Vernunft) als 10 000 Worte in einer Zungensprache« (V. 19). Das heißt, Paulus setzt das Verhältnis zu den mit dem Sinn gesprochenen Worten und dem Zungenreden 2000 zu 1. Gewisse Zungenredner von heute aber stellen weithin das Zungenreden über das Reden mit der Vernunft und tun das eher im umgekehrten Verhältnis von 2000 für die Zungen zu 1 mit der Vernunft.
Das ist wiederum so offensichtlich gegen die Schrift, daß es nicht von Gott sein kann.

9. Da die Zungenbewegung der ekstatischen Zungenrede freien Lauf läßt, haben Frauen großenteils den Vorrang vor Männern. Sie sprechen in den Versammlungen und haben dabei nicht selten in solchen ekstatischen Versammlungen oder Gruppen die Führung. Das ist wiederum das reine Gegenteil der Belehrung jener bedeutendsten Kapitel, die am meisten über die Zungenrede zu sagen haben. In 1. Korinther 14, 34 heißt es: »Laßt eure Frauen schweigen in der Gemeinde; denn es ist ihnen nicht erlaubt zu sprechen« und wiederum in Vers 35: »Es steht den Frauen übel an, in der Gemeinde zu reden.«
Was nun so augenfällig schriftwidrig ist, kann nicht von Gott sein.

10. Der Zweck, den Gott dem Zungenreden gab, ist, daß es ein »Zeichen« sei. Die Schrift bezeugt, daß der Gebrauch des Zungenredens, wenn es diesem Zweck nicht entspricht

a) nutzlos

b) ungewiß

c) ein Reden in den Wind sei.

So lesen wir in 1. Korinther 14, 6–9: »Nun aber, liebe Brüder, wenn ich zu euch käme und redete mit Zungen, was wäre ich euch nütze, so ich nicht mit euch redete, entweder durch Offenbarung oder durch Erkenntnis oder durch Weissagung oder durch Lehre? Verhält sich's doch auch also mit den Dingen, die da lauten und doch nicht leben; es sei eine Pfeife oder eine Harfe: wenn sie nicht unterschiedene Töne von sich geben, wie kann man erkennen, was gepfiffen oder geharft ist? Und so die Posaune einen undeutlichen Ton gibt, wer wird sich zum Streit rüsten? Also auch ihr, wenn ihr mit Zungen redet, so ihr nicht eine deutliche Rede gebet, wie kann man wissen, was geredet ist? Denn ihr werdet in den Wind reden.«

11. Die Schrift bezeichnet fernerhin das, was die Zungenbewegung tut

a) kindisch

b) unsinnig.

»Ich will in der Gemeinde lieber fünf Worte reden mit meinem Sinn, auf daß ich auch andere unterweise, denn zehntausend Worte mit Zungen.

Liebe Brüder, werdet *nicht Kinder* am Verständnis, sondern an der Bosheit seid Kinder, an dem Verständnis aber seid vollkommen (wörtl. = erwachsen). Wenn nun die ganze Gemeinde zusammenkäme an einen Ort und redeten alle mit Zungen, es kämen aber hinein Laien oder Ungläubige, würden sie nicht sagen, ihr wäret *von Sinnen?«* (1. Kor. 14, 19 u. 20 u. 23).

12. Der Zweck aller Geistesgaben ist, der Gemeinde Nutzen zu bringen. 1. Korinther 12, 7: »In einem jeglichen erzeigen sich die Gaben des Geistes zum gemeinen Nutzen.«
Dieses eindeutige Lehrprinzip setzt ein Beispiel für alles, was über das Zungenreden in 1. Korinther 12–14 gesagt wird.
Was aber ist der Nutzen des Zungenredens, wie es in der heutigen Zungenbewegung praktiziert wird?

B: IM BLICKPUNKT DER HEUTIGEN PRAXIS

1. Jene, die die moderne Ekstase des Zungenredens üben, haben, was gewisse Fragwürdigkeiten ihrer Praxis betrifft, eine gemeinsame Wurzel. Aus der Geschichte der Zungenbewegung ist bekannt, daß es bei Männern und Frauen der Bewegung für nicht ungewöhnlich gehalten wird, daß, wenn sie in die Ekstase geraten, sie auf den Boden fallen und ihre Arme und Beine wild durcheinanderwerfen in mehr als ungehöriger Weise. Wer würde zu sagen wagen, daß das von Gott sein kann?

2. Es gibt in solchen Versammlungen bisweilen große Unordnung und Verwirrung. Gott aber ist ein Gott der Ordnung. Er ist nie der Urheber von Verwirrung. Darum sagt das Wort: »Lasset alles ehrbar und ordentlich zugehen« (1. Kor. 14, 40).

3. Eine ungeziemende Praxis dieser Bewegung hat sich gelegentlich in Gebetsversammlungen angezeigt. Wäh-

rend eine Person betet, fährt eine andere oder mehrere dröhnend mit einer anderen Stimme dazwischen und das Gebet wird zu einem Durcheinandersprechen in den verschiedensten Worten und Gedanken.
Auch dieses steht in einem klaren Gegensatz zur Lehre des 1. Korintherbriefes (Kap. 14, 27–33): » . . . Denn Gott ist nicht ein Gott der Unordnung, sondern des Friedens wie in allen Gemeinden der Heiligen.«
Jene Menschen, die sich auf solche Praktiken einlassen, tun dies unter einem Geist, der nicht der Heilige Geist Gottes ist.

4. Öffentliche Sündenbekenntnisse über unreine Dinge gehörten nicht selten zur Praxis solcher Bewegungen. Auch ist allgemein bekannt, daß gelegentlich Intimitäten geschehen sind zwischen den Gliedern solcher Kreise. Moralische Sünden, die von einzelnen öffentlich bekannt worden sind, führten andere in die Versuchung auf moralischem Gebiet, weil durch solche Bekenntnisse eine entsprechende Atmosphäre der Gefahr geschaffen worden war.
Wiederum ist das kein Nutzen, sondern Sünde. Gott kann unmöglich der Urheber solcher Dinge sein.

5. Wir kommen noch zu der in solchen Kreisen gerne geübten Handauflegung. Wenn ein Glied einer solchen Gruppe zustande bringt, daß es seine Hände auf das Haupt eines anderen legt, um diesem die Kraft Gottes zu vermitteln, so ist diese Gruppe in eine gefährliche Stellung geraten. Es ist meist eine Verbindung von Verstiegenheit und geistlichem Hochmut, wenn einer sich einbildet, die Kraft Gottes so bereitwillig vermitteln zu können. Eine solche Weise erinnert uns an jene Menschen, die in der Apostelgeschichte genannt werden – Menschen, die mein-

ten, die Kraft Gottes könnte leichthin verschachert werden. Es wird uns aber berichtet, daß das Gericht Gottes über sie kam (Apg. 19, 13 f.; 8, 18). Dennoch wird in den Versammlungen der Zungenbewegung nicht selten von Männern und Frauen geübt, die Hände aufzulegen, um angeblich einem andern die Kraft Gottes zu vermitteln.

6. Rhythmik und Gesang spielen eine gern angewandte Rolle. Wenn in einer Pfingstgruppe »gehobene Stimmung« herrschen soll, so ist es üblich, diese sowohl durch körperliche Rhythmen und Händeklatschen hervorzurufen als auch, indem man in häufiger Wiederholung »Jesus, Jesus, Jesus« oder »preist den Herrn, preist den Herrn« ruft.
Vor Leuten, die diese Praktiken üben, muß man sich in acht nehmen, denn sie sind durch solche Praktiken sehr beeinflußbar und beeinflussen auf diese Weise auch andere, die für die Ekstasen der Zungenbewegung aufgeschlossen werden. Sie haben freilich diese Art ihres Verhaltens weder aus der Schrift noch von Gott selbst gelernt.

7. Das Eigentliche der Zungenbewegung ist schließlich darin zu sehen, daß sie die drei Personen der Gottheit in einer falschen Perspektive sehen, in der sie die dritte Person der Gottheit, den Heiligen Geist, über den Vater und über den Sohn stellen und ehren. Auch dort, wo dies in der *Lehre* nicht sichtbar wird, geschieht es in der *Praxis*.

8. Zungenfrömmigkeit erfährt bei solchen Praktiken eine seltsame Macht und Stärke der geistlichen Welt, in der sie sich bewegen. Eine Welt, die aufbläht und übersinnliche Ergebnisse zeitigt, mit denen die Macht verherrlicht wird. Der Heilige Geist hingegen verherrlicht immer den Herrn Jesus Christus und offenbart *Ihn*.

9. Der Zungenkult solcher Bewegungen lehrt, daß das Zungenreden eine Folge der »Geistestaufe« sei. Die Schrift hingegen stellt eindeutig fest, daß jeder Christ die Taufe mit dem Heiligen Geist empfangen hat. Paulus sagt in 1. Korinther 12, 13: »Denn wir sind durch einen Geist alle zu einem Leibe getauft und sind alle zu einem Geist getränkt.«
Zu behaupten, daß nur diejenigen die Geistestaufe erhalten hätten, die in Zungen reden, macht 1. Korinther 12, 13 zu einer Lüge.

10. Zungenkreise betreiben geistige Anmaßung. Sie sagen, daß wenn sie in Zungen reden, sie »erfüllt seien mit dem Geist«. Nun, in Korinth waren Gaben der Zunge vorhanden; aber nichtsdestoweniger war die Gemeinde *dort* keineswegs besonders geistlich ausgerichtet. Die Gemeinde in Korinth war vielmehr die am wenigsten anziehende aller Gemeinden des Neuen Testamentes. Die Behauptung, daß einer mit dem Geist erfüllt sei, weil er besondere Sensationen erlebt oder sensationelle Erfahrungen macht, ist geistliche Anmaßung. Ein wahrer Gottesmensch, der wirklich mit dem Heiligen Geist erfüllt ist, gleicht Mose, »der nicht wußte, daß sein Angesicht glänzte«.

C: WAS IST DIE QUELLE SOLCH ANGEWANDTER MITTEL?

Der Rhythmus und die aneinandergereihte Wiederholung von Worten, wovon weiter oben die Rede war, sowie die damit hervorgerufenen Ekstasen werden ausgeführt unter der Ablehnung jeder wahren Selbstkontrolle und Vernunft. Solche Ekstasen sind nur möglich in einem Zustand, in dem man sich geistig treiben läßt. Wo aber in

solchen Fällen die Selbstkontrolle aufgegeben wird, kann und wird die Macht Satans sich einschalten. Satan schleicht sich entweder über solche mit fraglichen Mitteln hervorgerufenen Ekstasen ein oder über die Erscheinungen des Eigendünkels und des Hochmuts. In 1. Timotheus 4, 1 schreibt Paulus: »Der Geist aber sagt ausdrücklich, daß in den letzten Zeiten werden etliche von dem Glauben abtreten und anhangen verführerischen Geistern und Lehren der Dämonen.«
Wir leben in der letzten Zeit und die Richtigkeit dieser Weissagung kann man ringsum beobachten.
Was mag nun die Triebkraft solcher Bewegungen sein? Es kann weder Gott noch der gütige Geist Gottes sein, denn diese Kraft ist am Werk wider die Schrift, wider ihre Ordnungen, gegen die Heiligkeit und gegen die Selbstkontrolle der Werkzeuge dieser Erscheinungen.

D: HERKUNFT UND BEHERRSCHENDE MACHT DER GABEN UND IHRE TRÄGER MÜSSEN GEPRÜFT WERDEN

In jenem Kapitel, in dem Paulus so ausführlich seine Unterweisungen über das Zungenreden erteilt, schreibt er folgenden Schlußvers nieder: »So sich jemand läßt dünken, er sei ein Prophet oder geistlich, der erkenne, was ich euch schreibe; denn es sind des Herrn Gebote« (1. Kor. 14, 37). Das heißt, daß die Aussagen des Paulus in 1. Korinther 12–14 über das Zungenreden Gebote des Herrn sind. Und jeder geistlich gesinnte Christ müßte das anerkennen. Tust du es, lieber Leser?
Es gibt genug Leute, die das Zungenreden der schwärmerischen Bewegungen tolerieren möchten. Sie sprechen meist in frommen Worten von »Jesus«. Aber sie umgehen

den Test (Prüfung) der Herrschaft, zu dem uns der Herr mit dem Wächterdienst verpflichtet. Wenn sie die biblische Prüfung der Geister ablehnen und die Wächterpflicht umgehen, ist Jesus nicht ihr Herr! Denn sie handeln nicht in Übereinstimmung mit Seinen Geboten.
Der Teufel ist ein Lügner. Er sagt, die Sache sei von Gott. Verwirrung, ungeziemendes Wesen, Hochmut und Eitelkeit sind Kennzeichen des Satans. Das ist sein Meisterstück, denjenigen eine Falle zu stellen, die in dieser Falle ihre Erfahrungen suchen. Erfahrungsgemäß entfliehen diesen Maschen nur wenige.
Wenn das Werk Gottes geschehen soll, dann müssen wir wahrhaftig sein. Dann dürfen wir nicht Fehler dulden und nicht Unordnungen tolerieren wollen. Dann gilt es auch hier der Heiligung nachzujagen, ohne welche niemand den Herrn sehen wird. Jede in der Prüfung als *wahr und echt* erfundene geistliche Fähigkeit ist zu schätzen. Der gnädige Heilige Geist hat jede Seiner Gaben zum Nutzen für alle gegeben.

III Was ferner zu bedenken ist

Die Apostel und das Zungenreden

Eine sorgfältige Untersuchung von Apostelgeschichte 2 wird ergeben, daß die »alle« von Kapitel 2, 1, wie auch die »jegliche von ihnen« in Vers 3 diejenigen sind, auf die die Zungen kamen »zerteilt wie von Feuer«. Es waren auch die »alle« von Vers 4, welche erfüllt wurden mit dem Heiligen Geist und welche anfingen in anderen Zungen zu reden. Diejenigen Menschen, auf die sich der letzte Abschnitt des 1. Kapitels der Apostelgeschichte bezieht, waren wiederum dieselben wie oben. Es ist zu bedenken, daß in der Urschrift des Neuen Testaments, also auch in der Apostelgeschichte, keine Kapiteleinteilung vorhanden war. Der erste Vers des zweiten Kapitels folgte vielmehr unmittelbar dem letzten Vers des ersten Kapitels.
Dieser letzte Vers von Kapitel 1 befaßt sich mit der Angelegenheit der elf Apostel, einen Nachfolger für Judas Ischarioth zu wählen. Die Wahl fiel auf Matthias. Die dieser Wahl unmittelbar folgende Niederschrift lautet (Kap. 2, 1): »Und als der Tag der Pfingsten erfüllt war, waren *sie alle* einmütig beieinander.« Demgemäß bezieht sich das *»sie alle«* sowohl auf die zwölf Apostel als auch auf die weitere Gruppe, die uns im letzten Vers des ersten Kapitels vor Augen gestellt wird. Es war jene erweiterte Gruppe, aus der Matthias gewählt worden ist. Das wiederum heißt, es waren die 120 Jünger von Vers 15, die lauter Männer gewesen sind und die Petrus als »Männer« und »Brüder« ansprach. Das Wort »Jünger« bedeutet hier also »Brüder«, wie das auch aus den revidierten Texten der Bibelausgaben ersichtlich ist.

Wie immer wir nun die Dinge sehen wollen, so viel steht fest, daß sich das »sie alle« in Apostelgeschichte 2 nicht auch auf Frauen bezog. Als Parallele dazu bestätigen dies auch die Fürwörter »alle« und »sie«. Sie sind männlichen Geschlechts. Der *Platz des Pfingstgeschehens,* an dem sich das Zungenreden zum erstenmal ereignete, war »das Haus« von Vers 2. Es ist der »eine« Platz, an dem »sie alle« beieinander waren. »Das Haus«, so dürfen wir mit einiger Gewißheit annehmen, war der Tempel. Er wird in der Schrift des öfteren »das Haus« genannt. In Lukas 24, 53 wird uns berichtet, daß nach der Himmelfahrt Jesu die Jünger allezeit (Luther: allewege) im Tempel beieinander waren, um Gott zu loben und zu preisen. Auch nach Pfingsten lesen wir in Apostelgeschichte 2, 46 »und sie waren täglich beieinander im Tempel«. Es ist daher gewiß nicht abwegig, daran zu denken, daß der Platz, an dem die Menge zusammenlief als sie »das Brausen vom Himmel hörten«, der Tempel war. Sie liefen dem Geräusch entgegen. Die Menge konnte natürlich nicht im Obergeschoß (Söller) eines gewöhnlichen Wohnhauses zusammenkommen. Apostelgeschichte 2 konnte sich also, was den Raum des Pfingstgeschehens betrifft, kaum im Söller von Kapitel 1, 13 zugetragen haben. Dieser Söller muß vielmehr für die Wohnung der Frauen gehalten werden. Dort hielten sich denn auch die Frauen auf. Aber den Platz des Pfingstgeschehens können wir uns kaum irgendwo anders denken als im Tempel. Keine Frau war hier zugegen, als die Zungen zum erstenmal offenbar wurden.

Petrus und Philippus

Philippus war bekanntlich ein Evangelist und einer der sieben ersten Diakonen der Gemeinde des Herrn. Er war jedoch kein Apostel. Er brachte zuerst das Evangelium zu den Samaritern und eine große Zahl ward gläubig und wurde getauft. Sie bekamen aber nicht den Heiligen Geist unter der Wirksamkeit des Philippus; vielmehr mußten Petrus und Johannes von Jerusalem nach Samaria kommen, ehe die Samariter als ein Volk den Heiligen Geist empfangen konnten.

Wir begegnen hier einer besonderen Ordnung.

Drei Gruppen erhielten den Heiligen Geist und Petrus war bei allen drei Gelegenheiten dabei

a) die Juden an Pfingsten (Apg. 2)
b) die Samariter (Apg. 8)
c) die Nationen (Heiden) (Apg. 10)

Es ging hier augenscheinlich um eine besondere Offenbarung bei jeder dieser drei ersten apostolischen Gelegenheiten.*

Man beachte, daß bei jeder späteren Gruppe und auch im Blick auf die Einzelnen, die hinzugetan wurden, diese Weise der Offenbarung des Heiligen Geistes sich nie mehr wiederholte. Wir finden in der Apostelgeschichte 16 ver-

* Hier dürfte wohl auch an die Verheißung des Herrn an Petrus gedacht werden in Matthäus 16, 19: »Und ich will dir des Himmelreichs Schlüssel geben: alles, was du auf Erden binden wirst, soll auch im Himmel gebunden sein, und alles, was du auf Erden lösen wirst, soll auch im Himmel gelöst sein.« Das war Jesu Verheißung an Petrus als dieser das Christusbekenntnis in Vers 16 ausgesprochen hatte. Der bekannte Gemeinschaftstheologe *Otto Stockmayer* macht in diesem Zusammenhang auf das Missionierungsprogramm des Herrn in Apostelgeschichte 1, 8 aufmerksam: »Ihr werdet meine Zeugen sein a) zu Jerusalem und ganz Judäa, b) zu Samaria und c) bis an das Ende der Welt (Nationenwelt). Genau nach diesem Programm wurde bei den oben angeführten Gelegenheiten das Himmelreich »aufgeschlossen« und jedesmal war Petrus die »Schlüsselfigur«. Er schloß mit der Pfingstpredigt Jerusalem und Judäa auf. Dann folgte Samaria. Damit es dort zur Erfüllung mit dem Heiligen Geist käme, mußte Petrus gerufen werden. Und als der erste nichtjüdische Mann aus der Nationenwelt (Cornelius) das Heil erfuhr, mußte ebenfalls Petrus gerufen werden, der auch im dritten Teil des Missionsprogrammes (bis an die Enden der Erde!) die Tür zum Himmelreich aufschließen durfte. (F. H.)

schiedene Berichte von Gruppen oder Einzelnen, die bekehrt wurden. Aber die Beziehung auf ein Zungenreden im Zusammenhang mit diesen 16 Erwähnungen findet sich nur bei den oben genannten drei vor. Es sind insgesamt 14 Einzelpersonen, deren Bekehrungsgeschichte oder sonstwie geistliche Erfahrungen erzählt werden. Bei keiner weiteren derselben wird darauf Bezug genommen, daß sie etwa in Zungen geredet hätte.

Als der Kämmerer aus dem Mohrenland seinen Glauben bekannt hatte und getauft war, gab Philippus dem Kämmerer keine Anweisung mit, nach welcher seiner Bekehrung etwa ein sogenannter »zweiter Segen« folgen sollte. Es wurde ihm vielmehr erlaubt, sofort »seine Straße fröhlich zu ziehen«. Weder wurde er angewiesen, einen »zweiten Segen« zu suchen, noch hat er in Zungen geredet. Die biblische Urkunde sagt (Apg. 8, 39): »Und als sie aus dem Wasser herausstiegen, rückte der Geist des Herrn Philippus hinweg und der Kämmerer sah ihn nicht mehr. Er zog aber seine Straße fröhlich.«

Der Kerkermeister von Philippi wusch die Wunden seines Gefangenen; aber er sprach nicht in Zungen. Lydias Herz war offen für das Wort, das von Paulus geredet wurde, aber sie sprach nicht in Zungen. In keinem dieser Berichte und den Erfahrungen der einzelnen Menschen, die uns in der Apostelgeschichte erzählt sind, wurde in Zungen gesprochen. Und weder eine Gruppe noch ein einzelner wurde angewiesen, darum zu bitten, zu suchen oder zu erwarten, daß von ihnen in Zungen geredet würde.

Die Frauen und das Zungenreden

Keine Frau sprach in Zungen bei irgend einer Gelegenheit, auf die sich die Apostelgeschichte bezieht. Wir haben gesehen, daß es in Apostelgeschichte 2 nur Männer waren, die in Zungen sprachen. In Apostelgeschichte 19 waren es zwölf Männer. Eine weitere Gelegenheit der Apostelgeschichte, die uns in Kapitel 10 berichtet wird, betraf den heidnischen Hauptmann Cornelius. Dazu wird in Vers 24 gesagt, daß »seine Verwandten und nächsten Freunde« sich versammelt hatten. Es besteht keine Notwendigkeit, anzunehmen, daß Frauen mit anwesend waren. Es gibt keine Stelle im gesamten Gotteswort, in der von einer Frau gesagt würde, daß sie in einer fremden Zunge oder Sprache geredet hätte. Nur Männer und der Esel Bileams haben in dieser Sache in der Heiligen Schrift einen Platz.

Die eine Stelle im Wort Gottes, die lehrhaft und in direkter Weise sich auf den Gebrauch der Zungengabe bezieht (1. Kor. 14) sagt ausdrücklich: »Laßt eure Frauen schweigen in der Versammlung, denn es ist einer Frau nicht erlaubt zu sprechen« und »es steht den Frauen übel an, in der Gemeinde zu reden« (V. 34 f.). Nichts könnte einfacher zu verstehen sein als diese Anweisungen. Die Tatsache, daß Frauen in Pfingstkreisen nicht selten eine führende Stellung einnehmen und sprechen, zeigt genau, wie weit diese Kreise sich von der Wahrheit Gottes entfernt haben.

Soll man sich nach dem Zungenreden ausstrecken?

Der Herr sagt Seinen Jüngern nicht, daß sie um das Kommen des Heiligen Geistes beten sollten. Er sagt ihnen nur, daß der Heilige Geist kommen würde und sie hätten auf ihn zu warten in Jerusalem bis Er – die dritte Person der Gottheit – kommt. Die Jünger taten also nichts, um das Kommen des Heiligen Geistes zu beeinflussen. Er kam zu einer vom Vater festgesetzten Zeit – 50 Tage nach der Auferstehung Jesu. Und dies – in Übereinstimmung mit der Verheißung – am Tage des Pfingstfestes. Es befindet sich auch nirgendwo in der Heiligen Schrift ein Anhaltspunkt dafür, daß Menschen berechtigt wären mit anhaltendem Gebet auf das Zungenreden zu warten, wie dies in Pfingstkreisen gelehrt und praktiziert wird.

Das Zungenreden und die Geistestaufe

»Denn durch einen Geist sind wir alle zu einem Leibe getauft, wir seien Juden oder Griechen, Knechte oder Freie und sind alle zu einem Geist getränkt« (1. Kor. 12, 13).
Während 1. Korinther 12, 30 sagt: »*Nicht alle* sprechen in Zungen, heißt es hier (V. 13) »*alle*« sind mit dem Geist getauft. Der Heilige Geist konnte nicht eher gesandt werden, als bis Jesus verherrlicht war. »Wer an mich glaubt, wie die Schrift sagt, von dessen Leib sollen Ströme des lebendigen Wassers fließen. Das sagte Er aber von dem Geist, welchen die empfangen sollten, die an Ihn glaubten; denn der Heilige Geist war noch nicht da, weil Jesus noch nicht verherrlicht war« (Joh. 7, 38 u. 39).
Eine weitere Stelle über das Kommen des Heiligen Geistes ist in Johannes 20 gegeben. In Vers 22 lesen wir dazu: »Er blies sie an und sagte zu ihnen: Nehmet hin den Heiligen Geist.« Das war offenkundig eine Vorausoffenbarung der Auferstehungskraft des Herrn, ehe Er zum Himmel gefahren und verherrlicht war. Er ergriff hier in gewissem Sinn die Initiative. Damit tat Er den ersten Schritt auf die große Wahrheit hin, was das zu erwartende Ergebnis mit dem Kommen des Heiligen Geistes sein würde. Die tatsächliche Ankunft des Heiligen Geistes für Sein weltweites Wirken aber verzögerte sich noch, bis Jesus

verherrlicht war. Sein Kommen jedoch wurde nicht vom anhaltenden Beten der Jünger bestimmt.

In jener Zeit nach der Auferstehung und *vor dem Verklärtsein* Jesu konnten Menschen auf Ihn sehen. Er war noch in jener Gestalt, in der man Ihn sogar mit anderen Menschen verwechseln konnte. Wir wissen dies aus den Osterberichten. Aber nachdem Er verherrlicht war, konnte kein Mensch Ihn mehr mit natürlichen Augen sehen. Johannes, als er im Geist war an des Herrn Tag, sah Ihn und fiel zu Seinen Füßen »wie ein Toter«. Paulus wurde blind als er auf dem Wege nach Damaskus Ihm begegnete und ward auf den Boden geworfen.

Vierzig Tage nach Seiner Auferstehung fuhr unser Herr gen Himmel und wurde verklärt und zehn Tage später »kam« der Heilige Geist, wie es erstens Seiner Verheißung und zum andern Seiner Handlung in Johannes 20, 22 entsprach. Und alle Gläubigen seither wurden getränkt mit *einem* Geist und getauft zu *einem* Leib.

Das alte Israel wurde in eins gemacht und zu einem besonderen Volk erhoben, indem es mit Mose zusammengetauft worden war im Meer und in der Wolke (1. Kor. 10, 1 u. 2). Eine Armee wird zusammengeschweißt durch die Feuertaufe des Kampfes. Die Gemeinde Jesu wird zur Einheit gebracht durch die Taufe mit dem Heiligen Geist. Er ist es, der sie zusammenschließt zu einer Einheit. Er, der gesegnete Heilige Geist Gottes, gesandt vom Himmel als Jesus verherrlicht war, vereinigt seither jedes Glied mit allen anderen Gliedern und alle zusammen mit dem verherrlichten Haupt. Er spricht nicht von sich selbst und erhöht nicht seine eigene Person; aber Er verherrlicht und vereinigt den Leib Christi. Er versiegelt dessen Glieder, wohnt in ihnen, und gibt ihnen Kraft.

Jeder Gläubige, auch der schwächste, hat an all diesen Dingen Teil. Er ist getauft in den Leib Christi hinein. Er

ist versiegelt mit dem Heiligen Geist und als Geheiligter auf Gottes Seite genommen. Er hat das Unterpfand und die Sicherung des ewigen Erbes und sein Leib ist ein Tempel des Heiligen Geistes.
Man würdigt einfach das Werk des Heiligen Geistes herab, wenn man behauptet, daß ein Gläubiger, der nicht in Zungen spricht, auch nicht die Geistestaufe erlangt habe.

Zungen und Sprachen

Wenn wir fragen, was haben wir eigentlich unter dem Zungenreden der damaligen Urgemeinden zu verstehen, so muß dazu noch etwas ganz Grundsätzliches festgestellt werden. Die Zungen in Apostelgeschichte 2 waren eindeutig andere Sprachen. Sprachen, die von den anwesenden Hörern als die von ihnen beherrschte Sprache gesprochen und verstanden wurde.
Man darf, von hier aus gesehen, gewiß sein, daß pfingstliche Erscheinungen heutzutage über Nacht eingehen würden, wenn 1. keine Frauen mehr in Zungen sprächen und wenn 2. kein Kauderwelsch mehr gesprochen würde.

Hypnotismus und Zungenreden

Ein Hypnotiseur bringt es fertig, daß irgend einer seiner ergebenen Klienten ein Kauderwelsch spricht. Es ist dabei ohne Belang, ob das Betreffende gläubig ist oder nicht. Unter der ehrlichen Kontrolle der Hypnose zeigt es sich, daß in der Beschaffenheit der menschlichen Psyche, wo diese der Hypnose ausgesetzt wird, das Sprachorgan von der Steuerung der eigenen Persönlichkeit gelöst wird. Die dann hervorgerufenen Laute werden im Hypnotismus allgemein als »Zunge« bezeichnet.

Nun sind im Laufe der Zeit viele Beweise erbracht worden, die zeigen, daß die sogenannte »Geistestaufe« der Pfingstler eine Art hypnotische Erfahrung ist, die durch Autosuggestion (Selbstbeeinflußung), durch häufige Wiederholung religiöser Slogans und Selbsthypnose veranlaßt wird. In diesem Zustand glaubt die auf solche Weise beeinflußte Person alles, was ihr gesagt wird. Sie steht unter dem Einfluß einer Wahrheit mit umgekehrten Vorzeichen und wird zum Glauben gebracht, daß sie nunmehr die Erfahrung der Geistestaufe habe und daß sie die Gabe des Zungenredens besitze. Auf diese Weise wirkt nun das durch einen fremden Willen gesteuerte Unterbewußte im Menschen auf die Gemüts- und Empfindungswelt ein. Die Folgen waren nicht selten seelische oder geistige Dauerschäden. Das Gemütsleben wird krank. Auf diese Weise setzen sich auch im fremdgesteuerten Unterbewußtsein jene Gedanken fest, die als hypnotische Folge des Unterbewußten verstanden werden müssen. Wahrheit und Irrtum kann demgegenüber nicht mehr ausreichend unterschieden werden.

Mächte von unten und das Zungenreden

Mächte der Hypnose und die Macht eines bösen Geistes im Menschen können sehr eng aufeinander bezogen sein. Es mag sein, daß es verschiedene Mächte sind, aber niemand weiß, wo die nur seelischen Bindungen der Hypnose aufhören und die Region der dämonischen Welt beginnt. Gewiß ist nur, daß der böse Geist eilends versucht, die Opfer der Hypnose für sich zu gewinnen. Damit aber tritt eine Macht ins Leben ein, die die Führungsrolle über die inneren Vorgänge zu übernehmen trachtet.
Die Schrift nennt dies »einen anderen Geist« (2. Kor. 11, 4).

Satan ist imstande, ein Medium in eine abseitige Welt zu versetzen, es durcheinander zu bringen und ein Sprechen in anderen Sprachen hervorzubringen. Manche Kenner dieser Vorgänge wissen von Leuten zu sagen, die in einer Zunge sprachen, welche von Anwesenden als eine ihnen bekannte Sprache erkannt wurde. In nicht seltenen Fällen enthielt diese Sprache unflätige, ja lästerliche Partien. Dies ist also dann kein Kauderwelsch, sondern eine echte Sprache; aber es ist das dämonische Gegenstück der wahren und originalen Sprachengabe des Heiligen Geistes. Es ist das, was die Schrift die »Wirkung Satans« nennt »mit allerlei lügenhaften Kräften und Zeichen und Wundern« (2. Thess. 2, 9).

Mit anderen Worten, es ist eine moderne Weise des Geistes von »Jannes und Jambres«, durch welche der böse Geist die Wunder Moses nachäffte (2. Mose 7, 11 vergl. mit 2. Tim. 3, 8).

In verschiedenen Teilen der Welt weiß man von heidnischen Religionen, die ebenfalls solche Wunder bis in die heutige Zeit hervorbringen. Auch die Sekte der Mormonen tut es und die Pfingstler. Die Schrift weissagt uns, daß dies alles geschehen werde: ». . . Der Geist aber sagt ausdrücklich, daß in der letzten Zeit etliche von dem Glauben abtreten und anhangen den verführerischen Geistern und Lehren der Teufel« (1. Tim. 4, 1). Und Johannes warnt und sagt: »Geliebte, glaubet nicht jedem Geist, sondern prüfet die Geister, ob sie aus Gott sind. Denn viel falsche Propheten sind ausgegangen in die Welt« (1. Joh. 4, 1).

Okkulte Erscheinungen und das Zungenreden

In Versammlungsräumen, in denen in Zungen geredet wird und sogenannte »Gaben« der Prophetie und ihre

Auslegung geübt werden – gelegentlich treten auch Menschen in ihnen auf, die behaupten, die Gabe der Heilung zu besitzen – wird häufig auf den faszinierenden Stil eines unprogrammierten Zusammenseins hingewiesen. In den Blütezeiten der Zungenbewegung geschah es dann oft, daß die Anwesenden plötzlich die Gegenwart einer mehr oder minder starken Macht empfanden. Es kam dann wie zu einer »Ausgießung«. Die Menschen waren wie elektrisiert. Je nach Veranlagung des Einzelnen geriet man in eine ekstatische Verfassung. Es wurden Zungen und andere Manifestationen erwartet und auch tatsächlich erfahren. Die Betroffenen fühlten sich dabei weniger von der Bedeutung dessen, was gesagt wurde, beeindruckt, als vielmehr von der Ekstase, an der sie gemeinsam teilhatten, ob nun im Sprechen, im Hören, oder was sie sonst angesteckt hatte von dieser Macht, unter die sie plötzlich gekommen waren.

Obwohl solche Leute sich in der Stellung einer übersinnlichen Anbetungsweise oder was sonst befunden haben – sie befanden sich in jedem Fall im Gegensatz zur Schrift und deren Geist. Hier nun zu sagen, daß diese Macht die Kraft des Heiligen Geistes sei, ist – gelinde gesagt – fahrlässig und in höchstem Maße gefährlich.

Solche Kreise führen in derselben Atmosphäre auch Abendmahlsversammlungen durch. Nicht selten nehmen dabei während der Handlung Frauen eine führende Stellung ein. Was aber die okkulte Atmosphäre »unter dieser Macht« betrifft, so ist dies nichts anderes als was Paulus in 1. Korinther 10, 21 den »Tisch der Dämonen« nennt. Einzelne Personen haben dieselben »Kraftausgießungen« im privaten Bereich erlebt. Sie erlebten dabei ihre Ekstasen, in deren Kraft sie ihre pfingstlerische Anbetungsweise üben. Nichts dergleichen ist der Schrift bekannt, ausgenommen dort, wo sie auf die Beziehung zu den Dämonen hinweist. Paulus sagt dazu: »Was die Heiden opfern, das opfern sie den Dämonen und nicht Gott; und ich will nicht, daß ihr in der Gemeinschaft der Dämonen sein sollt« (1. Kor. 10, 20).

Wie Proselyten (Anhänger) gewonnen werden.

Wenn geeignete Personen solcher Richtungen Anhänger zu gewinnen suchen, so hüten sie sich in der Regel, die oben erwähnten Praktiken gleich offen auf den Tisch zu legen. Sie werden meist allmählich eingeführt. Unlauterkeit, Betrug und Lüge sind ohnehin bezeichnende Merkmale sektiererischer Menschen.
Sektierer sind meist sehr aktiv beim Versuch, Anhänger zu gewinnen. Sie haben ein System entwickelt, mit dem sie in anderen Kreisen ihren Einfluß geltend zu machen suchen. Sie wollen dabei in erster Linie »Bekehrte« gewinnen. Jede beliebige Gemeinde wird für solche Vertreter einer »fünften Kolonne« als Missionsfeld angesehen. Führende Kräfte dieser fünften Kolonne verstehen auf oft feine Weise die Menschen an sich zu ziehen und für ihre Sache zu gewinnen. Ein solcher »Werbefachmann« nimmt es auch auf sein Gewissen, zu leugnen, daß er am Zungenreden interessiert sei. Er wird sehr schlau und vorsichtig vorgehen. Zunächst sucht er einzelne zu interessieren, die dann in ihren Gemeinden Zellen bilden sollen. Sie werden geschult, in ihren Gemeinden ein Interesse zu wecken an »tieferen« geistlichen Erfahrungen. Sie gehen dabei vielfach so betrügerisch zu Werke, daß die Leiter, wie auch der andere Teil der Gemeinde, möglichst nichts merken sollen vom Übel, das am Werke ist.
Unlauterkeit, Bosheit, Lüge und Schlauheit ist vom Garten Eden an das groteske Wappen Satans und seiner Die-

ner gewesen bis in unser Jahrhundert hinein, »durch die, so in Gleisnerei Lügen reden und ein Brandmal in ihrem Gewissen haben«, sagt Paulus in 1. Timotheus 4, 2.

So gelingen der hypnotischen Macht des Bösen immer wieder Zerreißungen und Spaltungen. Selbst Menschen, die die Wahrheit kennen und die Wahrheit lieben, werden dabei oft unter einen »Zauber« gebracht. Wenn sie dann anfangen, das Werk des Teufels gewahr zu werden, versuchen sie meist den Irrtum zurückzuweisen. Doch sind sie dabei leider oft sehr hilflos, weil sie das Eigentliche des Irrtums nicht oder zu wenig kennen. Wie schrecklich ist das Böse, wenn es das Gute zu binden vermag und fertig bringt, daß das Böse sich ungehindert ausbreiten kann. Aber wie auch immer – Gott ist größer als Satan. Gottes Volk braucht sich daher nicht zu fürchten, wenn es nur wachsam ist und feststeht. »Ist Gott für uns, wer mag wider uns sein?« fragt Paulus in Römer 8, 31. Und wiederum steht geschrieben: »Ergreifet den Helm des Heils und das Schwert des Geistes, welches Gottes Wort ist ... damit ihr am bösen Tag Widerstand tun, alles wohl ausrichten und das Feld behalten möget« (Eph. 6, 13).

Freilich wäre dazu notwendig, auch zu wissen, wie man solche Konflikte auszutragen hat. Das Bedauerliche ist, daß heutzutage viele Christen für sich selbst zwar in der Arena dieses schrecklichen Kampfes richtig laufen könnten; daß sie aber zu wenig auf die Hinweise der Schrift achten, um sich und die Gemeinden aktiv gegen den Feind zu verteidigen. Schon Paulus kannte diese Sorge und sagt in 2. Korinther 11, 3–4: »Ich fürchte aber, daß, wie die Schlange Eva verführte mit ihrer Schalkheit, also auch eure Sinne verrückt werden von der Einfalt in Christo. Denn so der da zu euch kommt, *einen anderen Jesus* predigte, den wir nicht gepredigt haben, oder ihr *einen andern Geist* empfinget, den ihr nicht empfangen habt,

oder *ein anderes Evangelium,* das ihr nicht angenommen habt, so vertrüget ihr's billig.«
Was bedeutet dieses Schriftwort in bezug auf unser Thema?

1. *Ein anderer Jesus:*
Der Jesus der Pfingstbewegung ist nicht der Jesus des Wortes Gottes. Warum nicht? Er ist nicht der *Herr* Jesus. Er ist eher ein Jesus, der sie bereitwilligst tun läßt, was sie wünschen. Er ist ein Jesus ihrer eigenen Einbildung und nicht selten ist sein Name verkettet mit grober Sinnlichkeit, und – wenn es sich um fremde Zungen und Sprachen handelt – verbunden mit schrecklichen Gedanken, wie sie beim Zungenreden zuweilen enthüllt worden sind. Fromm klingende Dinge tarnen dabei oft das Böse, wenn sie etwa Ausdrücke gebrauchen wie diese, »sie seien vermählt mit Jesus und erlangten durch Ihn vollkommene Liebe«. Das ist ein »anderer Jesus«.

2. *Ein anderer Geist:*
Der Heilige Geist Gottes offenbart, verherrlicht und vergnügt im wahren Jesus, unserem Herrn. Aber der andere Jesus, der im bösen Sinn eingebildete Jesus, ist erhöht durch die Macht eines anderen Geistes aus den dunklen Bereichen Satans. Der wahre Heilige Geist ist gramerfüllt und Sein wahres Feuer ist dort wie ausgelöscht, wo die Macht eines »anderen Geistes« an seine Stelle getreten ist.

3. *Ein anderes Evangelium:*
Der Inhalt des Evangeliums wird in 1. Korinther 15, 3–4 folgendermaßen dargestellt: ». . . daß Christus gestorben sei für unsere Sünden nach der Schrift und daß Er begraben sei, und daß Er auferstanden sei am dritten Tage nach der Schrift.«

Die Pfingstler aber predigen ein anderes Evangelium, indem sie ihm etwas zufügen. Sie nennen dies ein »volles Evangelium«. Sie wollen einen von ihnen genannten »zweiten Segen« einführen oder ein zweites Evangelium. Das ist aber genau das, was Paulus in Galater 1, 6–9 »verflucht«. Er nennt es ein »anderes Evangelium« und sagt: ». . . welches kein anderes ist, außer daß etliche sind, die euch verwirren und wollen das Evangelium verkehren.« Das wahre Evangelium ist »die Kraft Gottes, die selig macht (rettet) alle, die daran glauben, die Juden vornehmlich und auch die Griechen« (Röm. 1, 16). Aber das, woran in jenen Zungenkreisen das Herz hingegeben wird, ist ein anderer Jesus, ein anderer Geist und in sich selbst ein anderes Evangelium. »Denn solche falschen Apostel und trügliche Arbeiter verstellen sich zu Christi Aposteln. Und das ist auch kein Wunder; denn er selbst, der Satan, verstellt sich zum Engel des Lichtes. Darum ist es auch kein Großes, wenn sich auch seine Diener verstellen als Prediger der Gerechtigkeit; welcher Ende sein wird nach ihren Werken« (2. Kor. 11, 13–15).

IV Die Lehre Bileams

Wir haben im Vorhergehenden nachgewiesen, daß die wahre »Zungengabe« aufgehört hat und das heutige Zungenreden in der Welt nicht von Gott kommen kann.
Wenn aber diese gefährliche Sache dennoch in unseren eigenen Reihen vorkommt – was dann?
Wie haben wir sie zu beurteilen und was sollten wir mit ihr anfangen?
Fragen wir also zunächst:

Wie haben wir sie zu beurteilen?

Es liegt auf der Hand, daß die Weise, diese Erscheinungen und alles, was mit ihnen zusammenhängt, zu beurteilen, dieselbe Weise sein müßte, wie sie Jesus, unser Herr, geübt hat. Vor allem müßten wir dieses Übel genau so ernst nehmen, wie der Herr selbst es getan hat.
Der Herr hat besondere Vorkehrungen getroffen, Sein Volk in dieser Sache gewiß zu machen und Sein Urteil über alle wesentlichen Punkte zu erfahren. Das geschriebene Gotteswort beweist dies in seiner ganzen Breite.
Um aber im Gefahrenbereich dieser Welt Sein Volk restlos aufzuklären, diktierte der erhöhte Herr selbst dem Apostel Johannes sieben Briefe an sieben Gemeinden in Kleinasien, wie sie in Offenbarung 2 und 3 niedergelegt sind.
Diese Briefe haben nicht nur für die Anfangszeit der Gemeinde, sondern auch für uns heute eine hohe Bedeutung. Sie lassen sich in ihren Einzelheiten auf das ganze gegenwärtige Zeitalter der Gemeinde und auf die inneren Zustände der Gemeinden anwenden.

Das glorreiche Haupt der Gemeinde prüft in den sieben Sendschreiben alle Möglichkeiten, die im Zeugnis, im praktischen Lebensalltag und auch in der Lehre der Gemeinde vorkommen können. Er prüft darüber hinaus die Gemeinden in allen Phasen ihrer Geschichte auf ihre innere Echtheit. Es geschieht in der Macht Seiner Autorität und in hohem Ernst. Er wiegt die Gemeinden auf der Waage des Heiligtums und beschaut all die Dinge, die auch wir heute um uns her wahrnehmen können. Er lobt, was in den Gemeinden lobenswert ist. Er teilt aber auch strenge Zensuren aus, mißt und wiegt und sagt mit absoluter Wahrhaftigkeit, was Er über sie denkt und was für die Gemeinden gefährlich ist. Gott bewahre, daß niemand von uns eine von dieser Seiner Sicht abweichende Sicht habe. Wir wenden uns hier vor allem dem zu, was in den Sendschreiben von falschen Lehren, die in den Gemeinden vorhanden sind, gesagt wird. In diesen Briefen unterscheidet der Herr im Blick auf falsche Lehre zwei Hauptkategorien. Da ist einmal die Rede von einer »Lehre Bileams« und zum andern von der »Lehre der Nikolaiten«. Den wichtigsten Abschnitt darüber finden wir im Brief an die Gemeinde zu Pergamos (Offbg. 2, 12–17). Grundsätzlich ist dabei zu sagen, daß die »Lehre der Nikolaiten« mehr auf den Raum von Großkirchen angelegt zu sein scheint, während die »Lehre Bileams« mehr der Gefährdung der kleineren Glaubenskreise gilt. Ihr gilt es daher, im Blick auf die Gefährdung des Volkes Gottes mit besonderer Sorgfalt nachzugehen.

Die »Lehre Bileams« – das muß von vornherein klar sein – stellt eine Art von Belehrung dar, welche in den Gemeinden eine ähnliche Handlungsweise hervorruft, wie sie im alten Israel einst Bileam zustande gebracht hatte.

Bileam, der zwiespältige Prophet, war bekanntlich von Balak, dem Fürsten der Moabiter, gedungen worden, Israel in eine böse Sache zu verwickeln und einen Fluch auf das Volk zu bringen. Der Bileamismus ist der Versuch, jene Tätigkeit Satans in die Wege zu leiten, die auch heute das geistlich Böse in die Gemeinden bringt. Als Bileam durch die Eselin, die zu ihm sprach, vom Engel des Herrn aufgehalten worden war, sah er dieses Wesen aus der ewigen Welt Gottes als einen, »der im Wege stand mit einem zweischneidigen Schwert in seiner Hand«. Es ist bemerkenswert, daß, als der Herr Sein Schreiben an Pergamus gehen ließ, Er sich dieser Gemeinde, die mit der Lehre Bileams zu tun hatte, ebenfalls offenbarte als den, »der das scharfe, zweischneidige Schwert hat« (Offbg. 2, 12). Beide also, das Alte wie das Neue Testament stimmen überein, daß der Herr gegen den Bileamismus in aller Härte mit dem zweischneidigen Gerichtsschwert zu Felde ziehen wird. Dies kennzeichnet das Urteil des Herrn gegen jede Art von Bileamismus. Bileamismus ist ein Anlaß ernstester Gerichte für die Gemeinde des Herrn.

Wie wir bereits sagten, war Bileam von Balak gedungen worden, das Volk Gottes zu verfluchen. Aber Gott wachte darüber, daß er, statt einen Fluch auszusprechen, das Volk segnen mußte. Und dennoch – es wird uns in Offenbarung 2, 14 gesagt, daß Bileam es fertig zu bringen wußte, den Balak drei böse Dinge zu »*lehren*«:

1. Ein Ärgernis aufzurichten vor den Kindern Israel, an dem sie straucheln mußten.
2. Israel zum Essen von Götzenopfer zu verleiten.
3. Sie zu veranlassen, Hurerei zu treiben.

Bileamismus ist also eine »*Lehre*«. Entscheidend war, was Bileam »lehrte«. Es war eine Unterweisung voller Unheil, die böse Folgen hatte für Leben und Führung des Volkes Gottes.

In Israel waren in der Tat die Folgen dieses Lehrens außerordentlich schwerwiegend. Es brachte ein schreckliches Gericht von Jehova über das Volk. Der biblische Bericht darüber kann in 4. Mose 25 nachgelesen werden. In Vers 9 heißt es: »Und es wurden getötet in der Plage 24 000.« Es ist schmerzlich zu sehen, daß in der heutigen Gottesgemeinde ebenfalls Bileamismus gelehrt wird und zwar in einer Weise, die entsprechend verheerende Folgen unter den Christen nach sich zieht. Der Herr zählt in Offenbarung 2, 14, wie erwähnt, drei Dinge auf, die durch die Lehre Bileams in der neutestamentlichen Gemeinde geschehen:

1. Sie gibt dem Volke Gottes Ursache zu straucheln.
2. Sie bringt dem Volke Gottes eine Seelennahrung, die mit Bösem verunreinigt ist. Gottes Volk wird ermutigt, das als Speise zu sich zu nehmen, was geopfert oder vorbereitet und geweiht worden ist für teuflische Zwecke.
3. Sie veranlaßt Gottes Volk eine Art »geistliche Hurerei« zu treiben. Glieder des Leibes Christi geraten in eine unheilige Gemeinschaft und Vereinigung mit Kräften des Bösen.

Es ist für den Eingeweihten nur zu offenkundig, daß die moderne Zungenbewegung ein »Lehren« oder eine »Lehre« Bileams ist, denn es geschehen durch diese Lehren alle genannten Dinge.

Dies sei im folgenden noch deutlicher ausgeführt:

1. Die Lehre Bileams im Bereich der Gemeinde Jesu erhebt den Anspruch, für etwas Geistliches gehalten zu werden. Darüber wird sie zum Fallstrick und Ärgernis des Volkes Gottes. Es wird verwirrt und strauchelt.

Manche Leute klagen darüber, daß es bei geistlichen Erscheinungen pfingstlerischer Art bisweilen schwierig sei, zu unterscheiden zwischen Gottes Wahrheit und Satans Lüge. Und in der Tat – Satan hat unterdessen Meister hervorgebracht, die es glänzend verstehen, Verwirrung zu stiften. Man bietet sich an mit Weissagungen, Gesichten, Zungengaben und Heilungserfolgen. Solche Erscheinungen werden den Leuten vorgesetzt in einer Weise, als bekäme man durch sie besonders hohe, geistliche Werte ins Leben. Satan läßt dem Menschen sagen: Sorge dafür, daß du die weithin verloren gegangenen Geistesgaben bekommst, vor allem das Zungenreden, dann hast du den Beweis dafür, daß du den Heiligen Geist hast.

2. Denen, die auf das Ärgernis hereinfallen, wird sodann eine geistliche Nahrung angeboten, die nicht von Gott ist. Natürlich freut sich Satan, wenn er sieht, daß Gottes Volk dämonische Speisen zu sich nimmt. Diese Speise besteht zumeist in einer »gehobenen Stimmung« oder in einer »Erfahrung«, die zwar für den Augenblick befriedigen mag. Sie dient aber weder der »Besserung« noch der »Auferbauung« der Gemeinde. Leute, die in Zungen reden, wissen nicht, was sie sagen. Sie haben keinerlei Herrschaft über ihr eigenes Gefühlsleben. Ihre Nahrung oder geistliche Speise besteht eben aus einer »gehobenen Stimmung« oder liegt in der »Ekstase«. Es ist daher leicht zu verstehen und keineswegs verwunderlich, daß Menschen, die solche Speisen zu sich nehmen, im Augenblick der Ekstase und auch kurz darnach, fröhlich sind; oft genug fühlen sie sich hinterher »niedergeschlagen«, bis sie erneut ihre »Stimmung« oder ihre »Ekstase« erlangt haben.

Das alles ist geradezu kennzeichnend für die Taktik des Teufels und alle Angebote, die er den Menschen macht. Zuerst begeistert er sie durch fragwürdige Überraschungen aller Art und nachher folgt die Niedergeschlagenheit.

3. Und die weitere Folge ist die »geistliche Hurerei«. Denn in dieser »gehobenen Stimmung« oder »Ekstase« bringen sich die Glieder Christi selbst dar zum Gebrauch des Feindes. Die Zunge – Gottes Eigentum – wird zum Werkzeug der Finsternis, und nicht nur die Zunge, sondern auch das Gemüt und der Geist des Menschen.
Der Herr aber sagt zu solchem Bileamismus: »Tue Buße; wo nicht, so werde ich dir bald kommen und mit ihnen (den Verführten) kriegen durch das Schwert meines Mundes« (Offbg. 2, 16).
Das also ist der Standpunkt des Herrn gegen den »Bileamismus«. Ein wahrhaft ernster Standpunkt, hinter dem wahre Christen in der Beurteilung des Bileamismus nicht zurückbleiben dürften.
Bisweilen wird behauptet, es gäbe »geistliche« Menschen, die diesen Erscheinungen harmloser gegenüberstünden und Pfingstleuten die Tür öffnen möchten, um diese dann in die rechte Richtung lenken zu können. Was aber in Wirklichkeit herauskommen wird, ist etwas anderes. Manche von denen, die das Werk des Heiligen Geistes an ihren Herzen erfahren haben, aber angesichts der »anderen Geistlichkeit« solcher Enthusiasten zu einem Unbefriedigtsein über ihr eigenes Innenleben gekommen sind, werden schließlich von den Zungenleuten angesteckt. Und dies umsomehr dann, wenn sie noch mit allerlei Schwachheit und Sünden zu kämpfen haben. In nicht seltenen Fällen aber ist das, was sich zu einem »Verlangen« nach größerer, das heißt nach pfingstlerischer Geistlichkeit herausgebildet hat, eine verkappte Unzufriedenheit mit dem Werk des Heiligen Geistes in ihnen. Ist es aber erst einmal so weit, dann ist auch der Augenblick bald gekommen, wo sie beginnen, ihr Leben für pfingstlerische »Erfahrungen« zu öffnen, und ein anderer Geist tritt ein, welcher den wahren Heiligen Geist betrübt.

Sowohl Petrus als auch Judas beziehen sich in ihren Briefen auf solche falschen Bileamslehren. Judas nennt sie »den Irrtum Bileams« (V. 11). Petrus spricht in Verbindung mit diesem falschen Geist von Menschen, die »vermessen sind und eigensinnig, die nicht erzittern, die Majestäten zu lästern« (2. Petr. 2, 10) ... »sie verlassen den richtigen Weg und gehen irre und folgen nach dem Wege Bileams, des Sohnes Beors, welcher liebte den Weg der Ungerechtigkeit, hatte aber eine Strafe seiner Übertretungen: das stumme, lastbare Tier redete mit Menschenstimme und wehrte der Torheit des Propheten« (V. 15 f.).

Der Herr gab einst Bileams Eselin eine »Zunge«. Nun beanspruchen andere eine Zungengabe und sagen mit Selbstsicherheit, Gott könne in Seiner freien Entscheidung auch heute »Zungen« geben! Gerade hier aber befinden sie sich im Irrtum. Gott kann nicht gegen sich selbst streiten. Er hat gesagt, »Zungen« werden aufhören. Und darum haben, gemäß Seines Wortes, nunmehr »Zungen« aufgehört. Gott *kann* heute *nicht* Zungen geben, und dies aus demselben Grunde, warum Gott nicht noch einmal eine Sintflut über die Erde gehen lassen kann, wovon der Regenbogen ein ständiger Zeuge ist.

Falsche Lehre wird in der Schrift allgemein mit »Sauerteig« verglichen. Es gibt immer wieder Fälle, wo Menschen unbeachtet in einen Kreis von Gläubigen hineinkommen, die den Sauerteig in das Mehl zu bringen suchen, »bis daß der ganze Teig durchsäuert ist« (Matth. 13, 33). Durchsäuert aber ist er dann, wenn der Sauerteig lang genug Zeit hatte, zu wirken. Etwas anderes ist zu ihrem Erfolg nicht nötig. Und dies ist mit der Zungenbewegung geschehen.

Etliche mögen fragen: Kann man denn von der Zungenbewegung und ihrer Lehre her tatsächlich sagen, daß sie auf diese Weise wirkt?

Der Erfahrung nach, die in allen Teilen der Welt dieselbe ist, kann man nur mit einem klaren Ja antworten. Es ist heute bereits der Sauerteig des Bösen durch falschgeistliche Lehren und ihre Duldung wirksam in der Gemeinde. Paulus sagt in 1. Korinther 5, 6: »Wisset ihr nicht, daß ein wenig Sauerteig den ganzen Teig durchsäuert?« Es genügen oft wenige Menschen, die mit dieser Lehre kommen, um in kurzem Unheil in einer Gemeinde anzurichten.

Was aber sollte eine Gemeinde gegen diese Gefahr tun?

Wo immer das Übel der heutigen Zungenbewegung in einer Gemeinde vorkommt, sollte das Übel als das bezeichnet werden, was es tatsächlich ist: Bileamismus! Ein solches Übel aber muß verurteilt werden. Der Herr warnt in Offenbarung 2, 16, daß, wenn eine Gemeinde dieses Übel nicht bekämpft, Er selbst dieser Gemeinde gegenüber in Aktion treten werde: »Tue Buße!« sagt Er, »wo nicht, so werde ich dir bald kommen und mit ihnen kriegen durch das Schwert meines Mundes«.

Und wie sollte eine Gemeinde diesen Bileamismus bekämpfen?
Um diese Frage zu beantworten ist zu wiederholen, was wir bereits gesagt haben. Bileamismus ist eine *Lehre*. In den Bileamismus werden also Menschen hineingezogen, die ganz bestimmte Dinge glauben. Ein Sprichwort sagt: »Wie ein Mensch in seinem Herzen denkt, so ist er.« Wenn ein Mensch an eine Lehre glaubt, sei sie gut oder schlecht, so wird sich das früher oder später in seinem Leben auswirken. Entsprechend wird er dann auch andere beeinflussen.

Wenn nun eine Lehre in einer Gemeinde bekämpft werden muß, ist es nicht notwendig, diejenigen zu bekämpfen, die an ihr festhalten. Um es deutlicher zu sagen: Es geht in diesem Fall nicht darum, den praktischen Alltag eines Anhängers der falschen Lehre zu beurteilen, sondern eben um den Kampf *gegen die Lehre*. Nicht wie einer sein Leben lebt ist in diesem Fall entscheidend, sondern die Lehre, die er vertritt und in die Gemeinde einführen möchte. Wenn daher ein Anhänger falscher Lehre an dieser Lehre nicht mehr festhält, dann wird ja auch niemand mehr durch ihn verwirrt. Er mag fernerhin als rechtmäßiges Glied der Gemeinde gelten.

Die Schrift geht bei solchen Problemen stets auf die Wurzel des Übels zurück. Die Wurzel des Übels aber ist immer die Lehre. Die Beurteilung des erhöhten Herrn entspricht daher *dieser* Wurzel. Er sagt: »Du hast etliche, die an der Lehre Bileams festhalten.« Wir haben bereits darauf hingewiesen. Der Herr beschwert sich nicht darüber, daß durch die Lehre Bileams es zu einer falschen Freiheit im sittlichen Handeln gekommen sei. Es heißt vielmehr ganz schlicht: »Du hast etliche, die an der *Lehre* Bileams festhalten.«

Das strafende Wort des Herrn in Pergamus ist eindeutig gegen die böse Lehre gerichtet. Darüber kommt es zu einer ganz einfachen und klaren Abrechnung. So finden wir es auch bei Paulus. In Titus 3, 10–11 sagt er: »Einen ketzerischen Menschen (Häretiker) meide, wenn er einmal und abermals ermahnt ist, und wisse, daß ein solcher verkehrt ist und sündigt, als der er sich selbst verurteilt hat.« Das in der griechischen Grundsprache der Schrift verwendete Wort »Häretiker« (Ketzer) meint dabei nicht jemand, der vom rechten Weg abging, weil er wesentliche Punkte der Lehre leugnet, etwa die Gottheit Christi oder die Wahrheit von der Auferstehung und ähnlicher Dinge. Im Grie-

chischen bedeutet dieses Wort = »eine streitsüchtige Person« oder »einen parteisüchtigen Menschen«. Es meint, kurz gesagt, jemand, der mit einer Lehre hausieren geht, die die Gemeinde nicht annehmen dürfte. Der Herr widersteht der Gemeinde von Pergamus und schärft ihr ein, daß sie die Haltung, wie sie dem Häretiker gegenüber in Titus 3, 10 gefordert wird, nicht eingehalten hat. »Du hast einige von ihnen und hast sie nicht hinausgetan.«
Der im Titusbrief genannte Befehl geht also dahin, daß die Ältesten in jeder Gemeinde diejenigen auf die Seite zu nehmen und mit ihnen zu reden hätten, die als Häretiker ermittelt worden sind, das heißt als solche, die an dieser Lehre festhalten.
Zu »halten an der Lehre« versteht sich so, daß sie das Leben steuert und unter ihre Führung nimmt. Es liegt auf der Hand, daß darin auch die Ursache der »Werke« der Lehre zu suchen ist. Dem Häretiker könnte daher die Ernsthaftigkeit der Sache nicht deutlich genug erläutert werden, und die im Irrtum verstrickte Person müßte man liebend nötigen, sich von diesem Übel zu trennen. Der Grund zum notfalls »abermaligen« Ermahnen, wie es Titus 3 sagt, ist völlig einsichtig. Das Gebot der Liebe erfordert, daß der *erste* Versuch dieser Anordnung, *der* sein muß, den vom rechten Weg Abgekommenen zu retten und zurückzubringen. Hierher gehört das Wort in Jakobus 5, 19 und 20: »Liebe Brüder, so jemand unter euch irren würde von der Wahrheit und jemand bekehrte ihn, der soll wissen, daß, wer den Sünder bekehrt hat von dem Irrtum seines Weges, der hat einer Seele vom Tode geholfen und wird bedecken die Menge der Sünden.«
Es ist, bis zu einem gewissen Grade, der Besonnenheit der Gemeinde überlassen, zu entscheiden, wieviel Zeit sie zwischen den zwei Ermahnungen verstreichen lassen will. Aber die zweite Ermahnung *muß* erfolgen, sobald die

erste fruchtlos geblieben ist und zu keiner Änderung des Sinnes geführt hat. Wenn dann nach einer weiteren Periode der zwar liebenden aber doch dringlichen Bitte, sich herausstellt, daß am »Bösen« festgehalten wird, dann muß man der Schrift gehorchen, den Missetäter aus der Ortsgemeinde ausschließen und sich vom Umgang mit ihm trennen.

Die Grundsätze von Wahrheit und Licht verlangen eine endgültige Scheidung. Der Grundsatz der Liebe wird dann über die notwendige Trennung ein vielleicht sogar langfristiges Leid hervorrufen. Nur der Geist Gottes kann Licht und Liebe ausgleichen und im Einzelfall beides, das Licht der Wahrheit und das Gebot der Liebe in ihr rechtes Verhältnis zueinander bringen. Letzten Endes muß jenes Prinzip überwiegend sein, daß das Ganze wichtiger ist, denn ein Teil. Die seelsorgerliche Disziplin in dieser Sache wird zuletzt in ein Stadium führen, wo wir dem Versuch widerstehen müssen, den Wolf retten zu wollen, der, wenn wir ihn gewähren ließen, die zu rettende Herde vernichten würde. »Denn ich weiß, daß nach meinem Abschied werden unter euch kommen greuliche Wölfe, die die Herde nicht schonen. Auch aus euch selbst werden aufstehen Männer, die verkehrte Lehren reden, die Jünger an sich zu ziehen« (Apg. 20, 29 f.). »Des ungeistlichen, losen Geschwätzes entschlage dich; denn es hilft viel zum ungöttlichen Wesen, und ihr Wort frißt um sich wie der Krebs« (2. Tim. 2, 16 u. 17).

Durch die ganze Abhandlung über die Lehre der Zungen in dieser Schrift hindurch haben wir versucht, in Einfalt und Gewißheit der Heiligen Schrift zu folgen.

Die Wahrheit ist kristallklar. Wir wollen sie in drei kurzen Leitsätzen zusammenfassen:

1) Die ehemalige Gabe des Zungenredens hat aufgehört.
2) Was heute an ähnlichem auftritt und Zungenreden ge-

nannt wird, ist ein Köder der Finsternis.

3) Diese böse Lehre dürfte nirgends in der Gemeinde Fuß fassen. Diejenigen aber, die an ihr festhalten, müssen ausgeschlossen werden aus der Gemeinde.

Die schreckliche Plage, von der in 4. Mose 25, 8 die Rede ist und die auf die Verführungskünste Bileams hin eintrat, konnte nur durch die radikale Tat des Pinehas zum Stillstand gebracht werden.

Der Gemeinde aber zu Pergamus, die von der Lehre Bileams bedroht war, versprach der Herr: »Wer überwindet, dem will ich zu essen geben von dem verborgenen Manna und will ihm geben einen weißen Stein und auf dem Stein einen neuen Namen geschrieben, welchen niemand kennt, denn der ihn empfängt« (Offbg. 2, 17).

V Zungen werden aufhören

Viele Beweise und Erfahrungen könnten dafür erbracht werden, warum das heutige Zungenreden so ernstlich umfragt werden muß. Wir selbst sind überzeugt, daß es nicht von Gott ist. In solchen Dingen aber muß der endgültige Beweis auf »Wort und Zeugnis« beruhen.

Gott hat gesagt: »Zungen werden aufhören.« Diese Tatsache muß bestehen bleiben.

Es soll nun im folgenden einer sorgfältigen Auslegung der Schriftbezüge über diese Wahrheit nachgegangen werden. Wir haben uns dabei zur Hauptsache an die Textstelle 1. Korinther 13, 8–13 zu halten.

Zur Erklärung

Das 13. Kapitel des 1. Korintherbriefes wird allgemein das Kapitel der Liebe genannt, denn es erklärt die Liebe für das Größte, was es in der Welt gibt.

Höchst beachtenswert ist dabei, daß dieses Kapitel seinen Platz hat zwischen Kapitel 12 mit seinen ausführlichen Darlegungen über die Geistesgaben und dem 14. Kapitel, das sich fast ausschließlich auf das Zungenreden bezieht.

In der Mitte des 13. Kapitels, das wir nun zu besprechen haben, befindet sich der Satz unserer Überschrift: »Zungen werden aufhören« (V. 8). Zugleich wird im selben Vers das Aufhören von zwei weiteren Geistesgaben angezeigt. Es handelt sich also um drei Geistesgaben aus der Reihe der neun Geistesgaben, die in Kapitel 12 (V. 7–11) aufgeführt sind.

Kapitel 13 beschreibt, wie jedermann weiß, die Liebe in einigen wundervollen Einzelheiten. Der Hauptzweck des Kapitels aber ist – wie wir sehen werden – die Wahrheit zu erläutern, die Paulus in Kapitel 12 über die Geistesgaben gelehrt hatte. Zugleich aber ist Kapitel 13 das lebendige Verbindungsglied zur Darlegung jener Dinge, die der Apostel in Kapitel 14 über das Zungenreden durchgeführt hat. Kapitel 14 müßte daher in der Besonderheit seines Inhalts immer im Licht von Kapitel 13 gelesen werden. Denn gerade in diesem 13. Kapitel wird u. a. die bedeutsame Aussage gemacht, daß das Zungenreden aufhören werde. Und ein anderes ist im Blick auf das Verständnis von Kapitel 13 noch zu beachten: Es ist von Anfang bis zu Ende ein Kapitel der Gegenüberstellung von Gegensätzen. Der größte Gegensatz ist zwischen den Versen 8–13 dargestellt.

Dort wird gesagt, daß, während Weissagung, Zungenreden und Erkenntnis hinweggetan werden bzw. aufhören, Glaube, Hoffnung und Liebe sich fortsetzen werden bis ans Ende des Gemeindezeitalters. Um diese Belehrung ganz deutlich zu machen, werden auf das Ganze des Kapitels gesehen, zwei Hauptgegensätze herausgestellt:

A: Die Wundergaben stehen in Vers 1–7 der Liebe gegenüber.

B: Die Wundergaben, durch die nur eine *Teil*offenbarung (Stückwerk) gegeben wird, stehen der *vollkommenen* Offenbarung gegenüber (V. 8–12).

Wir beschränken uns zunächst hier auf den Teil B in den Versen 8–12 und Vers 13. Letzterer wird am Schluß unserer Ausführungen noch gesondert zu besprechen sein.

Dieser Teil B nun ist eingeteilt in vier Unterteile mit jeweils zwei Kategorien (Begriffen), die einander gegenüberstehen.

1) Das, was nur *Stückwerk* ist, steht dem gegenüber, was *vollkommen* sein wird.

   Wir fragen dazu: Zu welcher Zeit ist das »Stückwerk« und wann kommt das »Vollkommene«?

2) Ist die Rede von *kindischen* Dingen und *männlichen* Dingen.
Unsere Frage: Wie versteht Paulus diese Unterscheidung?
3) Der *Spiegel eines dunklen Wortes* steht dem *von Angesicht zu Angesicht gegenüber.*
Was hat das in diesem Zusammenhang zu bedeuten?
4) Es gibt ein *Erkennen* im »Stückwerk« und ein *Erkennen* »gleichwie wir erkannt sind«.
Worin besteht diese verschiedene Erkenntnisweise und wann löst die eine die andere ab?

Diese vier Gegensätze sollen nunmehr besprochen und eine Antwort auf die Fragen nach den einzelnen Gegenüberstellungen gefunden werden.

1) Das was »Stückwerk« ist und das was »vollkommen« ist.

a) Das Stückwerk

Wie wir bereits festgestellt haben, sagt Paulus in Vers 8 unverkennbar deutlich, daß drei der in Kapitel 12 aufgezählten Wundergaben des Heiligen Geistes hinweggetan bzw. aufhören werden. Und er fährt fort, zu erklären, wann, wie und warum das geschieht.

Dabei ist die Frage nach dem Zeitpunkt, wann diese Gaben aufhören werden unmittelbar nach Vers 8 im 10. Vers beantwortet. Nämlich mit dem lapidaren Satz: »Wenn das Vollkommene kommen wird!«

Wie aber steht es nun mit dem »Stückwerk« im Gegensatz zu dem, was *»vollkommen«* ist?

Die Verse 9 und 10 machen völlig klar, daß »was Stückwerk ist«, sich auf die Gaben der Weissagung und des Wissens (Erkennens) bezieht.

Paulus sagt dort: »Denn unser *Wissen* ist Stückwerk und unser *Weissagen* ist Stückwerk.«
Nun muß bedacht werden, daß die genannten Gaben jene sind, die der Urgemeinde von hohem Nutzen geworden waren. Es waren ja jene Geistesgaben, an deren Stelle später die neutestamentlichen Schriften traten und der Gemeinde aller Zeiten den hohen Gewinn des Glaubens einbrachten.
Das griechische Wort von »Stückwerk«, das hier gebraucht wird, finden wir in Lukas 11, 36 vor, wo es heißt: »Wenn nun dein Leib ganz licht ist, daß er kein *Stück* von Finsternis hat, so wird er ganz licht sein, wie wenn ein Licht mit hellem Blitz dich erleuchtet.«
In 1. Korinther 13, 9 ist der Gegenstand (das Subjekt) dasselbe. Es geht um eine geistliche Beleuchtung. In Lukas 11, 36 heißt es: »kein Teil dunkel«. Das Licht, das die ersten Christen mit den genannten Geistesgaben hatten, war »Stückwerk« d. h. ein Teil war licht, der andere blieb noch im Dunkel. Dieses nur »Teilweise-Licht-haben« wird dem zu weichen haben, »was vollkommen ist«.
Als Paulus seinen ersten Brief an die Korinther abfaßte, waren der einzig vorhandene Teil des Neuen Testaments die beiden Briefe an die Thessalonicher. Die Urgemeinde war, ohne den Besitz des Neuen Testamentes, den späteren Zeiten gegenüber fraglos in einem großen Nachteil. Daher gab ihr Gott eine übernatürliche Erkenntnisgabe – eine Wundergabe des Wissens – und der Weissagung. Diese Gaben ermöglichten es der Urgemeinde, einiges der geoffenbarten Wahrheit Gottes aufzunehmen, d. h. aber einiges von dem aufzunehmen, was den nachfolgenden Jahrhunderten der Gemeinde durch den Besitz des Neuen Testaments in weit größerem Umfang zu empfangen möglich wurde. Es ist völlig klar, daß jene Gaben nur »Stückwerk« sein konnten, verglichen mit der »Vollkom-

menheit« des Schriftganzen, an das wir nunmehr unsern Glauben zu richten vermögen. Dieser Zusammenhang macht es uns leicht, zu verstehen, »wann das Vollkommene« gekommen ist, um das, was nur »Stückwerk« war, hinwegzutun. Jene, die die Gaben der Erkenntnis und des Weissagens besaßen, waren imstande, lediglich »stückweise« die der Gemeinde geoffenbarte Wahrheit zu empfangen. Aber dieses Stückwerks bedurfte es nicht mehr, nachdem das, »was vollkommen ist«, erschienen war.

b) Das was vollkommen ist

Der Ausdruck »das was vollkommen ist« in 1. Korinther 13, 10 (Luther: wenn kommen wird das Vollkommene) ist im Griechischen sächlichen Geschlechts und kann daher weder auf Christus noch auf sonst jemand bezogen werden. »Das Gesetz des Herrn ist vollkommen« sagt Psalm 19, 7. »Gottes Werke sind vollkommen« (Luther »unsträflich«) 5. Mose 32, 4.

Das *griechische* Wort für »vollkommen« in 1. Korinther 13, 10 wird zum erstenmal in der Schrift in Matthäus 5, 48 gebraucht. »So seid nun vollkommen, wie euer Vater im Himmel vollkommen ist.« Das *hebräische* Wort für »vollkommen« kommt zum erstenmal im Alten Testament in 1. Mose 6, 9 vor. Es heißt dort: »Noah war ein gerechter, vollkommener Mann unter seinen Zeitgenossen« (Elberfelder Übersetzung). Paulus benutzt dasselbe Wort in Römer 12, 2, wenn er dort vom guten, wohlgefälligen und *vollkommenen* Willen Gottes spricht. Ebenso geschieht dies in 1. Korinther 2, 6, wo wir lesen: »Wovon wir aber reden, das ist dennoch Weisheit bei den *Vollkommenen.*«

In keiner dieser Stellen, in denen das Wort »vollkommen« gebraucht wird, handelt es sich um den künftigen Zustand der Ewigkeit, sondern um etwas, was schon mit-

ten in der diesseitigen Welt »vollkommen« genannt wird. Genau das ist auch die klare Bedeutung des Wortes »vollkommen« in 1. Korinther 13, 10.
Die Gaben, die in Korinth im Gebrauch waren und als solche »Stückwerk« genannt werden, waren also für den Gebrauch in der Frühzeit der Gemeinde *auf Erden.* Somit galt auch die Aussage, daß »was vollkommen ist« im Kommen begriffen sei, dem Schauplatz unserer irdischen Welt. Und es bezog sich daher ebenso wie das, »was aufhören wird«, wenn das »Vollkommene« an seine Stelle tritt, auf einen Vorgang dieser jetzigen Weltzeit.
Somit muß im Auge behalten werden, daß mit dem Ausdruck »das Vollkommene wird kommen« gewisse Dinge von Gott auf die Erde kommen werden. Paulus sagt hier nicht etwa, »wenn *wir* zu dem gekommen sind, was vollkommen ist«. Er sagt vielmehr, wenn das, was vollkommen ist, kommen wird. Gott also wird das senden, was vollkommen ist. Und wenn es gekommen ist, nämlich die vollkommene, perfekte Offenbarung der Wahrheit, dann werden jene Wundergaben, die nur eine *Teil*-Offenbarung sein konnten, »hinweggetan«. Dazu noch eine weitere Bemerkung:
In Matthäus 2, 2 sagen die Weisen aus dem Morgenland: »Wir haben seinen Stern gesehen im Morgenland und sind gekommen, Ihn anzubeten.« Das ist im Griechischen dasselbe Wort und zeigt eine *Bewegung* an vom Morgenland nach Bethlehem. In derselben Weise kann auch in 1. Korinther 13, 10 das Wort »Kommen« des Vollkommenen nur eine Bewegung darstellen, die sich vom Himmel auf diese Welt ereignet hat. Warum will man irgend etwas anderes in diesem Wort lesen? Es ist nichts in dieser Textstelle, das sich auf die Ewigkeit beziehen würde. Wir dürfen daher sicher sein, daß diese Worte ihre gewöhnliche und einfache Bedeutung haben: »Wenn aber kom-

men wird das Vollkommene, dann wird das Stückwerk (engl. = Teilwerk) aufhören.«

c) Das Stückwerk wird aufhören

Die Untersuchung des 10. Verses soll mit einer Betrachtung der wörtlichen Aussage am Schluß dieser Satzverbindung beendet werden: Das griechische Wort »katargéo«, das hier gebraucht wird, ist dasselbe, das in Vers 8 zweimal vorkommt. »Weissagungen werden aufhören« (engl. ausbleiben; nach anderer Übersetzung = weggetan). »Erkenntnis wird aufhören (sich auflösen, weggetan).« Die Wurzelbedeutung des Wortes katargéo ist: »etwas zurückgeben als außer Betrieb gekommen oder unbrauchbar; abzuschaffen, wegzutun, als etwas, was keinen Effekt mehr hat, das fallen kann, das zu Ende geht, das sich verliert und auslöscht, das unwirksam wird.« Dasselbe Wort katargéo wird auch in Vers 11 gebraucht, wenn es dort heißt: »Als ich ein Mann ward, tat ich ab (katargéo), was kindisch war.« Es bringt zum Ausdruck, daß diese Dinge dann in Wegfall kommen oder zurückgenommen werden, wenn sie zufolge einer Reifung nutzlos geworden sind.

Es ist offenkundig, daß die Offenbarung der Wahrheit in der Weissagungsgabe der Urgemeinde und in der Erkenntnisgabe wie sie als besondere Gabe an Einzelne verliehen wurde, nur »Stückwerk« sein konnte im Gegensatz zur späteren Offenbarung der Wahrheit durch die inzwischen abgeschlossene und vollendete Schrift des Neuen Testamentes, die dem Alten Testament beigegeben worden ist.

Wenn behauptet wird, daß das, »was vollkommen ist« sich auf die Ewigkeit beziehe, worin soll dann der in 1. Korinther 13 angezeigte Gegensatz bestehen? Was würde beispielsweise der Gebrauch irgend einer der übrigen Geistesgaben von 1. Korinther 12, 8–10 (von denen ja nicht gesagt wird, daß sie aufhören) im Himmel bedeuten? Wie könnte dann Paulus aus den neun Geistesgaben von 1. Korinther 12 jene zwei Gaben der Erkenntnis und des Weissagens herausgreifen und sagen: »Seht, diese sind Stückwerk und im Himmel ist dann das übrige, das was vollkommen ist?« Was für eine sinnlose Behauptung würde das sein! Wie unähnlich würde das außerdem dem geistlich klaren Denken des Apostels sein.

Der Himmel ist vollkommen, aber es hätte keinen Sinn, diese zwei Gaben der Weissagung und der Erkenntnis gesondert zu erwähnen und sie als »Stückwerk« zu bezeichnen, das im Gegensatz zur ewigen Welt stehen soll.

Nein, Paulus sagt hier ganz einfach: Betrachte die Offenbarungsweise, wie sie durch diese zwei Gaben im Charakter des Stückwerks erfaßbar sind, im Gegensatz zu der Offenbarung, die kommen wird, wenn das geschriebene Gotteswort durch die Fertigung des Neuen Testamentes einmal vollendet und dem Glauben verfügbar sein wird!

Wir wiederholen, was nicht übersehen werden dürfte, daß genau diese zwei Gaben jene Offenbarungsgaben waren, die in der Zwischenzeit, ehe das Neue Testament zur Hand war, der Gemeinde zu dienen hatten. Wenn sodann die volle Offenbarung der ganzen Heiligen Schrift gekommen sein wird, dann allerdings werden die zwei »Stückwerks-Gaben« aufhören, weil sie durch »das, was vollkommen ist«, abgelöst werden.

Allein dieses Verständnis der Aussagen des Apostels entspricht dem paulinischen Stil und seinem geistlich gesunden Sinn.

Und ein weiteres ist zu bedenken: Wenn das »was vollkommen ist«, der Himmel sein sollte, dann müßte sich ja der Wechsel zwischen dem »Stückwerk« der beiden Gaben und dem »was vollkommen ist« auf die Entrückung beziehen, durch die die Gemeinde zu ihrem Herrn kommen wird. Das würde zum weiteren bedeuten, daß die zwei »Stückwerks-Gaben« der Modus d. h. die ständige Offenbarungsweise Gottes für die ganze Gemeindezeit geblieben wäre bis hin zur Entrückung. Das annehmen zu wollen wäre barer Unsinn. Wir bekommen ja das Wissen, das die Gemeinde heute besitzt, aus der Bibel und nicht durch besondere Offenbarungsgaben, wie die genannten zwei, die »aufhören« sollten.

Die Bibel nimmt es für sich in Anspruch, die *vollkommene* Offenbarung Gottes zu sein. Wir kennen das letzte Kapitel der vollendeten Wahrheit Gottes, das die ernste Warnung gegen jeden Versuch enthält, den Worten der Prophetie dieses Buches etwas beizufügen (Offbg. 22, 18). Diese Gaben *können* also gar nicht mehr in Funktion sein, nachdem jetzt das Neue Testament gekommen ist. Genau dies aber entspricht der Feststellung in 1. Korinther 13, 8, daß sie aufhören, wenn das Vollkommene gekommen ist.

Nun gibt es aber solche, die sagen, daß sich diese Stelle überhaupt nicht auf jene übernatürlichen Erkenntnisgaben beziehe, sondern vielmehr auf das übliche Erkennen und Weissagen im weitesten Sinn der Worte. Diese Behauptung widerlegt sich jedoch von selbst aus zwei Gründen:

a) Vers 8 spricht nicht nur von »Erkenntnis« und »Weissagung«, sondern auch vom »Reden in Zungen«. Zungenreden aber ist so augenscheinlich eine der *Wundergaben* des vorausgegangenen Kapitel 12, sodaß folglich zwangsläufig alle drei Dinge in Vers 8, von denen gesagt ist, daß sie aufhören, zu den Wundergaben zu rechnen sind.

b) Wenn es sich tatsächlich nur um ein gewöhnliches Erkennen (Wissen) und um Weissagung im weitesten Sinne handeln sollte, worauf sich diese Stelle angeblich bezieht, wann hören sie dann auf? Das Erkennen, das wir nunmehr unter der Handreichung des Heiligen Geistes aus der Schrift beziehen, tragen wir mit uns in die Ewigkeit hinein. Es wird nicht aufhören in irgend einer Zeit.

Auch Weissagen in diesem weitesten Sinn wird mit dem Tag unserer Vollendung nicht aufhören. Denn Gottes Wort, welches alle Weissagungen enthält, bleibt wirksam auch *nach* der Entrückung. Das feste und höchst gewisse prophetische Wort hört nicht auf. Gott hat nach Seinem Wort noch ein großes Programm zu erfüllen auch nach der Entrückung der Gemeinde, und alle Prophetie der Schrift wird erhalten bleiben, festbestehen und erfüllt werden (Matth. 24, 35 u. a. St.).

2) Der Kindheitsstand und das Mannesalter

Wie nun werden die Wundergaben aufhören? In welcher Weise wird es geschehen?

Die Antwort gibt der 11. Vers (1. Kor. 13). Dort sagt Paulus: »Als ich ein Kind war, da redete ich wie ein Kind und war klug wie ein Kind und hatte kindische Anschläge; da ich aber ein Mann ward, tat ich ab, was kindisch war.«

Die Offenbarungen des Weissagens, des wunderbaren Erkennens und der Zungenrede waren, im Bild dieses Verses gesprochen, der »Klein-Kinder-Weg« der Gemeinde. Aber die volle Offenbarung Gottes gab der Gemeinde eine Reife, die im Gegensatz stand zu jenem Kindheitsstadium der Anfangsgemeinde. Als die volle Offenbarung kam, wurde das Kindheits-Stadium abgetan und hörte auf.

Auch dieses zweite Bild des Gegensatzes in 1. Korinther 13 ist völlig klar. Der »Kindheitsstand« stimmt überein mit der Methode der Offenbarungsmitteilung am ersten Anfang und das »Mann-werden« mit dem späteren Aufhören dieser Methode. Die Gaben der Weissagung, der übernatürlichen Erkenntnis und des Zungenredens wurden im Kindheitsstadium der Gemeinde durch einen souveränen Akt des Heiligen Geistes direkt gegeben. Dies wurde denn auch für das Kindheitsstadium als durchaus normal empfunden. Es war anerkannt, daß in der Gemeinde in Zungen gesprochen wurde und daß man geistliches Verständnis erhielt durch die Wundergabe der Erkenntnis. Man dachte und glaubte in der Gemeinde so, wie die Propheten mit ihrer Weissagungsgabe die Gemeinden lehrten.

Als aber die Schrift gegeben worden war, wurden diese Dinge nach und nach abgelegt, bis sie schließlich ganz aufhörten, wie bei einem Kind, das auch *allmählich* aus der Kindheitsstufe herauswächst und zum Benehmen und den Anschauungen der Erwachsenen heranreift.

Völlig undenkbar hingegen ist, daß Paulus mit diesem Bild die Veränderung beschreiben will, die mit der Entrückung zu erwarten ist. Die Entrückung vollzieht sich ja als plötzliche Verwandlung »in einem Augenblick« (1. Kor. 15, 51 f.). Es würde am Charakter der Sache vorbeigehen, wollte man diese plötzliche Verwandlung der Gemeinde, wie sie mit der Entrückung zu erwarten ist, mit den Worten erläutern: »als ich ein Mann ward, tat ich ab, was kindisch war.« Augenscheinlich waren solche Gedanken in keiner Weise im Innern des Apostels. Sie können ihm daher bei diesen Worten die Feder auch nicht geführt haben. Ein Kind wirft ja schließlich a) nicht plötzlich kindische Dinge ab und wird b) nicht plötzlich ein Mann.

Ein Mann werden ist ein langsamer Prozeß. Paulus entfaltet diesen Begriff an anderer Stelle, nämlich in Epheser 4, 11–14. Dort stellt er fest, daß Apostel, Propheten, Evangelisten, Hirten und Lehrer gegeben worden seien zur »Vollkommenheit« der Heiligen und sagt: »bis daß wir alle hinankommen zu einerlei Glauben und Erkenntnis des Sohnes Gottes und ein *vollkommener Mann* werden, der da sei im Maße des vollkommenen Alters Christi.« Wir wissen, daß Hirten und Lehrer einem Menschen helfen können, ihn in die Gemeinde zu bringen und ein vollkommener Mann zu werden (wörtlich »erwachsener« Mann). Wenn hingegen mit diesem »Vollkommen-werden« ein Zustand der Ewigkeit gemeint sein sollte, dann würde in diesem Zusammenhang von Hirten und Lehrern nicht die Rede sein können. Weder ein Hirte, noch ein Lehrer der Gemeinde vermögen einen Menschen in den Himmel zu bringen. Unter dem »vollkommenen Mannesalter« im Sinne von Epheser 4, 13 versteht die Schrift den einzelnen Menschen und dessen volle geistliche Reife in seinem Teil. In 1. Korinther 13, 11 aber – »als ich ein Mann ward«, richtet sich der Sinn des Mann-gewordenseins auf die Offenbarungsfülle des geschriebenen und nunmehr abgeschlossenen Gotteswortes, verglichen mit dem Kindheitsstadium einer nur *teilweisen* Offenbarung, wie sie in den Anfängen der Gemeinde durch jene drei wunderbaren Offenbarungsgaben geschenkt worden war.

3. Jetzt durch einen Spiegel in einem dunklen Wort, dann von Angesicht zu Angesicht.

Auch diese Gegenüberstellung hat es mit den genannten drei Wundergaben zu tun. Alle drei Gegenüberstellungen geben Antwort auf die Frage, warum die drei in Vers 8 genannten Wundergaben aufhören sollen und aus welchem Grunde. Wir haben daher auch dieser dritten Gegenüberstellung noch etwas nachzugehen:
In Jesaja 3 von Vers 16 ab stellt der Prophet eine über-

raschende Liste auf von allerlei Mode- und Schmuckstükken für Frauen. Darin eingeschlossen werden in Vers 23 auch Spiegel genannt. Gemeint sind die kleinen Handspiegel der Frauen im damaligen Altertum.

Nun wird uns in 2. Mose 38, 8 berichtet, daß das Waschbecken des Heiligtums und ihr Fuß aus solchen Handspiegeln gefertigt worden sind, von jenen Frauen, die vor der Tür der Stiftshütte dienten.

Auch in Hiob 37, 18 begegnet uns der Ausdruck von einem »gegossenen Spiegel«, wenn Gott an Hiob die Frage stellt: »Kannst du, wie Gott, das Himmelsgewölbe ausbreiten, fest wie ein gegossener Spiegel?« Damit wird in der Bildsprache des Buches Hiob der Himmel selbst, wie eine Widerspiegelung der Herrlichkeit und Wahrheit Gottes angesehen. Das Waschbecken am Eingang der Stiftshütte spiegelte sozusagen symbolisch Gottes reine Wahrheit wider. Aber diese nur zurückgestrahlte Wahrheit ist, verglichen mit der Herrlichkeit der vollen Offenbarung, wie sie in der Schrift gegeben ist, unscharf (verschwommen, verschleiert) und unvollständig. So verhält es sich auch mit den drei Offenbarungsgaben der Weissagung, der übernatürlichen Erkenntnis und des Zungenredens. Sie sind als Strahlen der Herrlichkeit und Wahrheit Gottes nur »Teilstück« (Stückwerk), oder Strahlen wie »durch einen Spiegel in einem dunklen Wort«, wie es hier heißt.

Das Wort »dunkel« wird auch übersetzt mit »undeutlich«, »im Rätsel«. Mit dieser Übersetzung wird die wahre Bedeutung des Begriffs »denn wir sehen jetzt durch einen Spiegel« besonders verständlich ausgedrückt. In der Tat empfing die Urgemeinde die Wahrheit Gottes wie »in einem Rätsel«. Und dies eben durch die drei Geistesgaben des Weissagens, der Erkenntnis und der Zungen.

Paulus sagt: »jetzt« (nämlich während er diesen Brief schrieb) wird die Wahrheit widergespiegelt und »in Rätseln gegeben« aber »dann« – nämlich wenn Zungen aufhören, wenn Weissagung und Erkenntnis wegfallen – dann, wenn die volle Offenbarung Gottes den Menschen durch die Gabe des *ganzen* Gotteswortes gegeben sein wird, »dann werden wir sehen von Angesicht zu Angesicht«. Und diese Bezeichnung ihrerseits gibt genau das Wunder wieder, das uns in der vollendeten Form des geschriebenen Gotteswortes gegeben ist. Wir haben nunmehr die göttliche Wahrheit nicht mehr in einer Art undeutlicher Widerspiegelung oder »im Rätsel«, sondern »von Angesicht zu Angesicht«. Göttliche Wahrheit, die volle göttliche Wahrheit, scheint nunmehr Auge in Auge in unser Angesicht, wenn wir sie mit Hilfe des Heiligen Geistes lesen.

Gehen wir diesem wichtigen Begriff »von Angesicht zu Angesicht« noch genauer nach! Die Schrift erklärt sich immer am besten durch sich selbst. Auf dem Berge Sinai sprach der Herr mit Mose »von Angesicht zu Angesicht«. So lesen wir in 2. Mose 33, 11.

Was Gott damals mit Mose tat, als Er ihm das Geheimnis der alttestamentlichen Haushaltung des Gesetzes mitteilte, das wollte Er jetzt mit Seiner Gemeinde durch das Evangelium tun und ihr damit Seine Offenbarung geben von »Angesicht zu Angesicht«. Das Medium (Mittel) der Offenbarung ist nunmehr das geschriebene Wort Alten und Neuen Testamentes. Darin offenbart Er Seine *ganze* Wahrheit für die Gemeinde und für die Welt bis zum Ende der Schöpfung.

Und der Herr sprach zu Mose »von Angesicht zu Angesicht, wie ein Mann mit seinem Freunde redet«. Genau das tut Gott mit jedem von uns durch Sein Wort.

Diese Gedanken werden in 4. Mose 14, 14 noch weiter entfaltet, wenn wir dort lesen: »Und man wird es sagen zu den Einwohnern dieses Landes, die da gehört haben,

daß Du, Herr, unter diesem Volk seist, daß Du *von Angesicht gesehen* werdest und Deine Wolke stehe über ihnen und Du Herr gehest vor ihnen her in der Wolkensäule des Tages und in der Feuersäule des Nachts.«
Dieser Offenbarungsweise Gottes wegen wurden die Kinder Israels »Gottes Volk« genannt. So wird auch jetzt die Gemeinde Gottes als Gottes Volk erkannt von der Welt, wenn auch keineswegs immer geliebt. Die Wolke ist über der Gemeinde, die Herrlichkeit Gottes ist über ihr. Durch sie wird der Herr gesehen »von Angesicht zu Angesicht«. Und nicht nur so, sondern das Angesicht unseres Erretters wird auch dadurch gesehen, daß jeder Christ in der Welt etwas von der geschauten Herrlichkeit Jesu zurückstrahlt bzw. widerspiegelt. In 2. Korinther 3, 18 lesen wir: »Nun aber spiegelt sich in uns allen des Herrn Klarheit mit aufgedecktem Angesicht und wir werden verklärt in dasselbige Bild von einer Klarheit zu der andern, als durch den Herrn, der der Geist ist.«
In 1. Korinther 13, 12 sind es die drei zu Ende gehenden Gaben, die wie ein Spiegel zu verstehen sind. In 2. Korinther 3, 18 aber ist der einzelne Christ ein Spiegel des Herrn, den er »von Angesicht zu Angesicht« sieht.
Zum erstenmal kommt dieser Ausdruck »von Angesicht zu Angesicht« im bildlichen Sinn in 1. Mose 32, 30 vor. Dort sehen wir Jakob in Pniel. Nach seinem dortigen Erleben wird von ihm berichtet: »Und Jakob nannte den Ort »Pniel« (= das Angesicht Gottes), denn ich habe Gott »von Angesicht gesehen« und meine Seele ist genesen«.
Was war damals in Pniel geschehen?
Dort rang nächtlicherweise ein Mann mit ihm bis zum Anbruch der Morgenröte. Dann berührte dieser das Gelenk der Hüfte Jakobs. Dabei wurde Jakob von dem, der mit ihm gerungen hatte, nach seinem Namen gefragt. Er nannte die-

sen. Darauf hörte er die Worte: Du sollst nicht mehr Jakob heißen, sondern Israel. Jakob fragte zurück: Sage doch, wie heißest du? In Verbindung mit diesem Zwiegespräch um die Namen der Ringenden berichtet die Schrift: »Und Er (der Ringende) segnete ihn (Jakob) daselbst.« Das Entscheidende von Pniel war, daß Jakobs Name geändert wurde. »Du sollst nicht mehr Jakob heißen, Israel soll dein Name sein, denn du hast mit Gott und mit Menschen gerungen und bist obgelegen.« Jakob aber faßte das ganze Erleben an jenem Pnielmorgen zusammen in die Worte: »Ich habe Gott ›von Angesicht gesehen‹ und meine Seele ist genesen.« Auch an dieser Stelle ist deutlich zu sehen, daß der Ausruf Jakobs: Ich habe Gott »von Angesicht gesehen«, der Ausdruck einer Erfahrung war, die er *auf Erden* gemacht hat. Diese wunderbare Erfahrung schließt nicht aus, daß er von nun an an seiner Hüfte hinkte. Statt etwa eine körperliche Heilung zu erfahren, wie wir es mit dem »Schauen« Gottes meinen in Verbindung bringen zu müssen, ist das Resultat dieser Erfahrung, daß er von nun an ein hinkender Mann war.

Auch auf dem Boden des Neuen Bundes ist es so. Ehe wir die volle Offenbarung Gottes in Seinem Wort erfassen können, geht es uns zuvor wie Jakob. Wir müssen einmal unseren eigenen Namen, mit der ganzen Naturschande, die sich damit verbindet, bekennen. »Ich heiße Jakob (Fersenhalter, Überlister)!« Mit Freuden aber würde es Gott vernehmen, wenn wir im eigenen Zerbruch Ihn nach *Seinem* Namen fragen wollten. Nach jenem Namen also, welchen Sein Buch in so wundervoller Weise offenbart. Dort liegt das geistliche Pniel *unseres* Lebens, wo wir nicht nur kämpfen, sondern lernen und erfahren, was es heißt, von Ihm ein »Israel« – ein Fürst Gottes genannt zu werden. Es mag dabei auch uns das Gelenk der Hüfte berührt werden; aber wir werden bezeugen können: Ich habe »Gott von Angesicht gesehen« und meine Seele ist genesen. Wenden wir uns nun noch einmal diesem dritten Gegensatz in 1. Korinther 13, 12 zu und zerlegen ihn in seine einzelnen Satzteile:

a) In einem dunklen Wort

Es gibt eine überraschende Textstelle in 4. Mose 12, die ebenfalls in ganzer Klarheit erläutert, was Paulus meint, wenn er sagt: »Jetzt sehen wir durch einen Spiegel in einem dunklen Wort, dann aber von Angesicht zu Angesicht.«

Mirjam und ihr Bruder Aaron hatten sich gegen Mose gewandt und gesagt: »Redet denn der Herr allein durch Mose? Redet er nicht auch durch uns?« Und der Herr hörte es. Und plötzlich sprach der Herr zu Mose und zu Aaron und zu Mirjam: »Gehet heraus, ihr drei, zu der Hütte des Stifts«. Und sie gingen alle drei heraus. Da kam der Herr hernieder in der Wolkensäule und trat in der Hütte Tür und rief Aaron und Mirjam; und sie gingen beide hinaus. Und Er sprach: »Höret meine Worte :Ist jemand unter euch ein Prophet des Herrn, dem will ich mich kundmachen in einem Gesicht oder will mit ihm reden in einem Traum. Aber nicht also mein Knecht Mose, der in meinem ganzen Hause treu ist. Mündlich rede ich mit ihm und er *sieht den Herrn* in Seiner Gestalt, *nicht durch dunkle Worte* oder Gleichnisse. Warum habt ihr euch denn nicht gefürchtet wider meinen Knecht Mose zu reden?«

Ein sorgfältiges Durchlesen des ersten Buches Mose wird bestätigen, daß zunächst die Weise, in der Gott Seine Wahrheit offenbarte, »in Visionen« (Erscheinungen) »in Träumen« und in »dunkler Sprache« geschah. Das heißt, die Offenbarung geschah in Rätseln. Die »Visionen«, »Träume« und »dunklen Worte« bedurften einer Auslegung und mußten erklärt werden. So war es auch in den

Tagen des Apostels Paulus: Die Offenbarungen über die Gemeindewahrheiten durch die Weissager, durch die Offenbarung einer übernatürlichen Erkenntnisweise und durch Zungen waren, wie in ein »Rätsel« eingehüllt (dunkel, undeutlich). Gott aber eiferte in den Tagen Moses darum, Mirjam, und Aaron zu zeigen, was für eine Unterscheidung hier zwischen allgemeinen Propheten und Mose zu machen ist. Mit Mose redete Gott von Mund zu Munde; sogar in Erscheinungen; aber nicht in dunkler Sprache. Das Gleichnis (Ebenbild) des Herrn sollte gesehen werden. Wenn das nicht ein »von Angesicht zu Angesicht ist«, was ist es dann? Ist es aber nicht bemerkenswert, daß bereits das Alte Testament solch eine exakte Vergleichsmöglichkeit bietet, die in allen Punkten übereinstimmt mit der neutestamentlichen Parallele in 1. Korinther 13? Darum wiederholen wir das schon früher Festgestellte. Die Schrift muß durch Schrift, d. h. durch sich selbst erklärt werden. 4. Mose 12 ist in dieser alttestamentlichen Vergleichsstelle zu 1. Korinther 13 in zwei unterschiedenen Offenbarungsarten eingeteilt, so wie 1. Korinther 13 in seinen Offenbarungsprinzipien für die Zeit des Neuen Testamentes jene zweifache Unterscheidung vornimmt.

b) Von Angesicht zu Angesicht

Was aber haben wir nun unter diesem Ausdruck als solchem zu verstehen? Jakob sagte, daß er Gott von Angesicht gesehen habe. Und das trifft zu. Aber hat er etwa Gottes Angesicht im *körperlichen* Sinn gesehen? Nein, das war nicht der Fall. Und dennoch sagt er: »Ich habe Gott von Angesicht gesehen« und fügt noch bei »und meine Seele ist genesen«. Es ist dabei wohl zu bedenken, daß der Herr in 2. Mose 33, 20 selbst gesagt hat: »Kein Mensch wird leben, der mich sieht.« Allein schon diese Aussage macht völlig klar, daß das »Sehen von Angesicht zu Angesicht« bei Jakob nicht das Schauen in ein leibliches Angesicht Gottes meinen kann. Was aber haben wir dann darunter zu verstehen? Wohl nichts anderes als das: Jakob sah einen Mann, der eine Offenbarung Gottes, d. h. eine Theophanie (Gotteserscheinung) war. Unter einer solchen Theophanie versteht man eine körperliche Offenbarungsweise der Gegenwart Gottes in Form eines menschlichen Leibes in einer menschlichen Personifizierung. Gott ließ Sein Angesicht nicht sehen in der Weise, daß Jakob Gottes Angesicht einer genauen Betrachtung hätte unterziehen können. Aber nichtsdestoweniger wurde Jakob in einen Stand der Verwirklichung gesetzt, Gott »von Angesicht zu Angesicht« zu sehen. Dies ist aber genau, was Gottes Wort bei uns zustande bringt. Wir sehen Gott nicht körperlich; aber wenn die Offenbarung der Schrift ihr Werk an uns tut, werden wir klar im Fühlen und Wissen ewiger Wirklichkeit. Wir haben gesehen »von Angesicht zu Angesicht«.

Auch Mose, der mit Gott »von Angesicht zu Angesicht« sprach, sah Gottes Angesicht nicht im leiblichen Sinn. Darin ist die vorhin genannte Textstelle 2. Mose 33, 20 ganz eindeutig. Gott zeigte ihm eine Felsenkluft, in die er sich stellen durfte. Dort ging Gott vorüber und im Vorübergehen bedeckte Er Mose mit Seiner Hand. Gott sprach zu ihm: »Ich will vor deinem Angesicht alle meine Güte vorübergehen lassen *und will ausrufen des Herrn Namen vor dir.* Wem ich aber gnädig bin, dem bin ich gnädig; und wes ich mich erbarme, des erbarme ich mich« (2. Mose 33, 19).

Das also bedeutete im Falle Moses, Gott »von Angesicht zu Angesicht« zu sehen. Und das ist – wie bereits erwähnt – genau das, was heute für uns durch die Schrift geschieht. Durch das Wort läßt Gott Seine Güte an uns vorüberziehen, und Er ruft Seinen Namen – den Namen

des Herrn vor uns aus und erzeigt Gnade und Barmherzigkeit, wem Er will.
Sobald im geschriebenen Wort kommt, »was vollkommen ist«, dann sehen wir »von Angesicht zu Angesicht«. Der gen Himmel gefahrene Herr sagte als letztes Wort am Ende des letzten Briefes an die sieben Gemeinden: »Siehe! Ich stehe vor der Tür und klopfe an; so jemand meine Stimme hören wird und die Tür auftun, zu dem will ich eingehen und *das Abendmahl mit ihm halten* und er mit mir« (Offbg. 3, 20). Ist das nicht »von Angesicht zu Angesicht«? Wie aber halten wir das Abendmahl mit Ihm? Gewiß durch das Wunder dessen, »was vollkommen ist«, womit wir Ihm begegnen »von Angesicht zu Angesicht«.
Und noch eine Parallele findet sich im Alten Testament, die ebenfalls deutlich macht, was mit dem in 1. Korinther 13, 12 gebrauchten Begriff »von Angesicht zu Angesicht« gemeint ist. Mose sagt in 5. Mose 5, 4 zum Volk: »Der Herr sprach mit euch ›von Angesicht zu Angesicht‹ auf dem Berge mitten aus dem Feuer.« Sodann nannte er die zehn Gebote und sagte (Vers 19) »Das sind die Worte, die der Herr redete zu eurer ganzen Gemeinde auf dem Berge aus dem Feuer und der Wolke und dem Dunkel mit großer Stimme *und tat nichts hinzu* und schrieb sie auf zwei steinerne Tafeln und gab sie mir.«
Es ist folglich klar: Bis auf Mose spricht der Herr »in Rätseln«, »in Visionen« und »in Träumen«; aber auf dem Sinai spricht Gott »von Angesicht zu Angesicht« mit Mose und auf diese Weise *auch mit dem ganzen Volk.* »Und Er fügte nichts hinzu!« Von dieser Zeit an hat Israel im Gesetz eine »von Angesicht zu Angesicht-Offenbarung«, verglichen mit der vorausgegangenen »Teil«- oder »Stückwerks«-Offenbarung, die in Visionen, Träumen und Rätseln gegeben war.
Wir sehen also in der alttestamentlichen Haushaltung des

Gesetzes dasselbe Prinzip, wie Paulus es für die Gemeindehaushaltung ausspricht: Die Gabe der Weissagung, der Erkenntnis und des Zungenredens ist zu vergleichen den »Rätseln, Träumen und Visionen«, wie sie vor dem Sinai gegeben worden waren. Aber das, »was vollkommen ist«, ist die ganze im geschriebenen Wort niedergelegte Wahrheit Gottes. Von da ab, wo sie nun neutestamentlicher Weise für einen Menschen verfügbar wird, steht dieser vor der »Angesicht-zu-Angesicht«-Offenbarung der vollen Wahrheit im Sinne des Evangeliums, vergleichbar der »von Angesicht«-Offenbarung im Gesetz für Israel.
»Darum sehet zu, daß ihr den nicht abweiset, der da redet. Denn so jene nicht entflohen sind, die Ihn abgewiesen haben, da Er auf Erden redete, viel weniger wir, so wir den abweisen, der vom Himmel redet« (Hebr. 12, 25). »Denn ihr seid nicht gekommen zu dem Berg, der mit Feuer brannte ... sondern ihr seid gekommen zum Berg Zion ... zu der Versammlung der Erstgeborenen ... und zu Jesus, dem Mittler des Neuen Bundes und zu dem Blut der Besprengung, das besser redet als Abels Blut« (Hebr. 12, 18–24).

c) *Jetzt und dann*

Das griechische Wort für »Jetzt« (jetzt sehen wir durch einen Spiegel in einem dunklen Wort, dann aber »von Angesicht zu Angesicht«) – ist eine mit Nachdruck betonte Zeitangabe. Es bedeutet soviel als: Jetzt in diesem gegenwärtigen Augenblick, in dem Paulus seinen Satz niederschreibt. *Jetzt*, wo nunmehr noch kein Neues Testament vorhanden ist und solange die Wahrheit Gottes im Evangelium nur durch die übernatürliche Erkenntnisgabe der Anfangszeit und durch die Gabe der Weissagung zur Gemeinde kommt. Nunmehr sehen wir durch einen Spiegel in einem dunklen Wort; aber *dann*, wenn nämlich das

Neue Testament vorhanden und für den Glauben verfügbar sein wird, dann sehen wir »von Angesicht zu Angesicht«. Wenn dieses griechische Wort in der Schrift gebraucht wird, das hier mit »jetzt« übersetzt ist, bedeutet es *immer* = »in diesem gegenwärtigen Augenblick«. Es gibt in der Schrift noch ein anderes Wort, das auch mit »jetzt« übersetzt wird, so z. B. wenn es in 2. Korinther 6, 2 heißt: »Jetzt ist die angenehme Zeit, jetzt ist der Tag des Heils.«
Das in 1. Korinther 13 verwendete Wort aber wird in der Schrift nur an solchen Stellen gebraucht, wie etwa in Johannes 9, 19, wo die Eltern des blinden Mannes von den Juden gefragt werden: »Wie ist er denn jetzt (Luther nun!) sehend?« Dieses Wort hat – wie bereits erwähnt – nie etwas anderes zu bedeuten als »diesen Augenblick«. Es könnte nicht ebenso gut etwas anderes ausdrücken wollen.

Jetzt (als Paulus schrieb):
1) war die Gabe der Weissagung
2) war die Gabe des Zungenredens
3) war die übernatürliche Erkenntnisgabe jener Anfangszeit
4) war die »Stückwerks«-Offenbarung
5) waren kindische Dinge noch im Gebrauch
6) wurde die Wahrheit gesehen, wie durch einen Spiegel
7) war das Wissen »Stückwerk«
8) waren Glaube, Hoffnung und Liebe beständig.

Aber
»wenn das Vollkommene gekommen ist«
dann
1) wird Weissagung hinweggetan
2) werden Zungen aufhören

3) wird Erkenntnis (Wissen) hinweggetan
4) wird das »Stückwerk« aufhören *(1–5 negativ)*
5) werden auch die kindischen Anschläge zu Ende gehen
6) werden wir sehen von Angesicht zu Angesicht
7) werden wir erkennen gleichwie wir erkannt sind *(6–8 positiv)*
8) werden Glaube, Hoffnung und Liebe beständig sein.

4. *Teilerkenntnis (Stückwerk) oder Vollerkenntnis*

Mit einer vierten Gegenüberstellung wird nun Antwort gegeben auf die Frage: Warum werden die Wundergaben der Anfangszeit aufhören? Aus welchem Grunde?
Vers 12 in 1. Korinther 13 schließt mit den Worten: »Jetzt erkenne ich stückweise; dann aber werde ich erkennen, gleichwie ich erkannt bin.« Zwei verschiedene Worte aus dem Griechischen werden in diesem Vers für »erkennen« verwendet.
In jenem Satzteil, der sich auf die urchristlichen Offenbarungsgaben bezieht (»jetzt erkenne ich stückweise«), steht das gebrauchsübliche einfache Verb »ginosko«. Es hat die Bedeutung von »sich bewußt werden«, »wissen«, »begreifen«, »verstehen«. Wo es aber um die Vergleichung geht: »dann aber werde ich erkennen, gleichwie ich erkannt bin« steht für »ginosko« das sonst in der Schrift nur spärlich vorkommende und darum besonders hervorzuhebende Verb »epiginosko«. Seine Bedeutung ist »etwas ausgezeichnet kennen«, »klar erkennen«, »sich mit jemand aufs vertrauteste, aufs engste bekanntmachen«.
Dieses Wort »epiginosko« kommt in der Schrift zum erstenmal vor in Matthäus 7, 16: »An ihren Früchten sollt ihr sie erkennen.«

Das was vollkommen ist, nämlich die Bibel, ist ja auch – und das ist ein entscheidender Maßstab für die Vollkommenheit der Schrift – die Selbstoffenbarung Jesu Christi, der das lebendige Wort Gottes – der logos – ist. Die Offenbarungs-Gaben der Urgemeinden, Erkenntnis und Weissagung (V. 9), waren insoweit fruchtbar, als sie ein teilweises Wissen vermittelt haben. Aber, es war eben nur ein teilweises Wissen – Stückwerk. »Jetzt«, als Paulus schrieb, erhielten sie dieses Teilwissen. Aber, »wenn das Vollkommene gekommen ist«, dann werden sie imstande sein, voll zu erkennen und sich aufs Vertrauteste mit dem »Vollkommenen« bekannt zu machen.

Er ist das Haupt des Leibes und Er kennt jedes Glied. Wenn »das Vollkommene gekommen ist«, dann werden die Glieder imstande sein, Ihn vollständig zu erkennen, so wie Er selbst Seine Glieder kennt. Das will natürlich nicht sagen, daß alle Glieder die Allwissenheit des Hauptes besitzen. Selbst wenn die Gemeinde mit Christus in der ewigen Herrlichkeit vereint sein wird, wird Er immer noch das Haupt bleiben und die Eigenschaft einer Allwissenheit besitzen, wie sie die Gemeinde nicht besitzen wird – zumindest nicht im selben Maß. Er wird bleiben »*Gott*, hochgelobt in Ewigkeit« und wir werden immer noch Seine *Geschöpfe* sein. Das schließt die Verheißung nicht aus, daß wir mit Ihm Sein Erbe teilen werden und auch Seines Wissens teilhaftig sind. Die ganze Ewigkeit hindurch wird die Gemeinde in ihrem Wissen und Erkennen fortschreiten, soweit Gott es ihr aufschließt und ihr mehr und mehr die Wunder Seiner Gnade offenbart. Christus aber hat ein unumschränktes Wissen aller Dinge, denn Er ist Gott. Er ist allwissend.

Der hier gebrauchte Terminus (Ausdruck) »wir werden erkennen, wie wir erkannt sind« bedeutet also nicht, daß wir mit Ihm Seine Allwissenheit teilen werden. Das ist unmöglich! Aber wie Er uns kennt, unseren Charakter, unsere Namen, unser Leben, unsern Lebenszweck, unsere Hoffnung, unsere Wünsche, so werden wir in der Fülle Seinen Charakter erkennen, Seine Namen, Sein Leben, Seine Zwecke, Seine Hoffnung, Seine Wünsche; auch Seine Macht und Gnade, Seine Liebe und Seine Herrlichkeit. Und wir werden erkennen, was für eine wundervolle Offenbarung Jesu Christi das Wort Gottes ist. Und in der Tat, wie ist das »was vollkommen ist«, erfüllt mit Seiner Gottesfülle! Wir vermögen heute durch dieses »Sein vollkommenes Wort«, Ihn zu erkennen und die Kraft Seiner Auferstehung (Phil. 3, 10). Das Gebet des Apostels für die Gemeinde und ihre volle Erkenntnis ist an verschiedenen Stellen seiner Briefe ausgesprochen. Im Epheserbrief aber schreibt er in gedrängter Kürze den *Inhalt* dieses Gebetes für die Gemeinde nieder. Er gebraucht Vers 17–19 im ersten Kapitel die Gebetsworte: »daß der Gott und Vater unseres Herrn Jesu Christi, der Vater der Herrlichkeit, euch geben möge den Geist der Weisheit und der Offenbarung in der Erkenntnis Seiner Selbst und erleuchtete Augen eures Verständnisses, daß ihr erkennen möget, welche da sei die Hoffnung eurer Berufung, und welcher sei der Reichtum Seines herrlichen Erbes bei Seinen Heiligen und welche da sei die überschwengliche Größe Seiner Kraft an uns, die wir glauben nach der Wirkung Seiner mächtigen Stärke ...«

Des Apostels Gebet um ein völliges Wissen dieser Dinge und daß die Gemeinde vor allem *Ihn* völliger erkennen möge und die Kraft Seiner Auferstehung, wurde beantwortet in der Vollendung dessen, »was vollkommen ist« und in dessen Fertigstellung und Verfügbarkeit für den Glauben der Gemeinde – nämlich die Kostbarkeit des Neuen Testaments.

Warum aber werden darüber die drei übernatürlichen Wundergaben von Vers 8 b hinweggetan werden? Weil sie, wenn das, »was vollkommen ist«, gekommen sein wird, überflüssig sind. Es ist kein »stückweises« Erkennen mehr erforderlich, wenn wir der »vollen Erkenntnis« teilhaftig werden können. »Das, was vollkommen ist« meint aber, wie oben ausgeführt, die ganze Schrift, wie sie, nachdem das Neue Testament zum Alten hinzugekommen ist, vorhanden war.

VI Glaube, Hoffnung, Liebe

Der *Schlußvers 13* unseres Kapitels lautet:
»Nun aber bleibt Glaube, Hoffnung, Liebe, diese drei; aber die Liebe ist die größte unter ihnen.«
Wir haben uns mit dem Gegensatz befaßt, der in den Versen 9–12 unseres Kapitels (1. Kor. 13) mit treffenden Gleichnissen beschrieben wird. Es ist der Gegensatz zwischen den urchristlichen Offenbarungsgaben und der späteren Gabe der Gesamtoffenbarung der Bibel Alten und Neuen Testaments.
Es sind insgesamt vier Gegenüberstellungen, die uns im vorhergehenden Abschnitt beschäftigt haben.
Die Verse 1–8 und der abschließende Vers 13 enthalten die Hauptgegenüberstellungen des ganzen Kapitels. In Vers 1–8 werden die angeführten urchristlichen Wundergaben der Liebe gegenübergestellt. Der 13. Vers schließt sich dieser Gegenüberstellung an und schließt damit das Prinzip des Kapitels in seiner ganzen Geschlossenheit ab. Es ist das Prinzip der Gegenüberstellungen dessen, was aufhört und dessen was bleibt.
Die drei Offenbarungsgaben, wie sie in Vers 8 aufgeführt werden, sind hinweggetan. Sie haben aufgehört; aber wenn an ihre Stelle das Vollkommene gekommen ist, werden drei andere Dinge bestehen bleiben und sich fortsetzen: Glaube, Hoffnung, Liebe.
Wir haben festgestellt, daß das »Jetzt« von Vers 12 der Ausdruck ist für ein *zeitlich* begrenztes Jetzt. Es hat die Bedeutung von »genau jetzt in diesem Moment«. Aber hier in Vers 13 ist dieses »Jetzt aber« (Luther: Nun aber) *kein Zeitbegriff*. Es hat vielmehr den Charakter einer Argumentation (Beweisführung). In diesem »Jetzt aber« (bzw. »Nun aber«) liegt eine Kraft der Beweisführung des

Apostels. Paulus kommt von den ersten 12 Versen des Kapitels her und fährt mit dem Prinzip des Gegensatzes, das – wie gesagt – dem ganzen Kapitel zugrunde liegt, fort, einen letzten Gegensatz herauszustellen. Einen Gegensatz zwischen dem, was in den ersten 12 Versen aufhört und dem, was nun mit dem Vollkommenen kommt. Das »Jetzt bzw. Nun aber« ist in der Gegenüberstellung dessen, was aufhört, zu verstehen! Dieser Schwerpunkt in der Erläuterung des Apostels ist ungeheuer eindrucksvoll und darf nicht übersehen werden, wenn nicht das Hauptargument von 1. Korinther 13 zwischen Kapitel 12 und 14 verloren gehen soll.

Nun aber während die drei Offenbarungsgaben der urchristlichen Zeit vor ihrem Aufhören stehen; *nun aber,* wenn zu *der* Zeit das Vollkommene gekommen sein wird; wenn das Aufzuhörende auf *dem* Wege aufhören wird, auf dem ein Kind seine Kindheit *wachstümlich* verliert und langsam zum Manne reift; *nun aber,* wenn die bloßen Teil-Offenbarungen des anfänglichen »Stückwerks« langsam zu Ende gehen, um der »Voll«-Offenbarung »von Angesicht zu Angesicht« Platz zu machen, damit die Vollerkenntnis Jesu Christi sich der Gemeinde erschließe; *jetzt – nun aber* – bleibt Glaube, Hoffnung, Liebe, diese drei; aber die Liebe ist die größte unter ihnen.

Einige Dinge hören auf, andere Dinge werden bleiben. Das ist – um es zu allem Überfluß noch einmal zu sagen – das eigentliche Thema des 13. Kapitels im 1. Korintherbrief zwischen den beiden Gabenkapiteln 12 und 14!

Heute sind wir längst in der Ära von Glaube, Hoffnung und Liebe. Heute ist der Tag des Glaubens, der Hoffnung und der Liebe. Diese Stücke charakterisieren die ganze Bandbreite des Lebens der Christen und gelten für die Gemeinde *vor und seit* dem Ausblenden der Teil-Offenbarungen, nachdem »das was vollkommen ist«, kam.

Kann es überhaupt noch eine Frage sein, welcher Schauplatz für die Betätigung von Glaube, Hoffnung und Liebe gemeint sein kann? Der Himmel oder die Erde? Welche Periode wird mit diesen drei Dingen am besten beschrieben? Die ewige Zukunft oder das gegenwärtige Zeitalter? In welchen Rahmen paßt es und von was spricht Paulus über diese Dinge? Sagt er etwa, daß die drei Wundergaben der Anfangszeit bei der Entrückung weggetan werden und daß dann Glaube, Hoffnung und Liebe im Himmel ausgeübt und erfahren werden? Oder sagt er das andere, nämlich daß jene Wundergaben des Anfangs dann ausgeblendet werden, wenn das Neue Testament vollendet ist und daß nach ihnen Glaube, Hoffnung und Liebe in rechter Weise durch das Zeitalter hindurchbleiben werden bis zu seinem Ende hin?

Gewiß ist letzteres der Fall.

Glaube ist der rechte Atem des geistlichen Lebens in diesem Zeitalter auf der Erde. »Ohne Glauben ist es unmöglich, Gott zu gefallen.« »Alles was nicht aus Glauben geschieht, ist Sünde.«

Hoffnung ist der Trost, die Freude und die große Inspiration der Heiligen in diesem ihrem irdischen Leben, in welchem sie – wie Abraham – nach der Stadt ausschauen, die einen Grund hat, deren Baumeister und Schöpfer Gott ist (Hebr. 11, 10).

Liebe ist die größte von allen und ist ewig.

Aber in diesem Kapitel 13 des 1. Korintherbriefes ist nicht nur Glaube und Hoffnung, sondern auch die Liebe auf das Leben *hier unten*, auf den Schauplatz dieser Erde bezogen. Ihr Weg ist der Hochweg der Gemeinde Jesu auf ihrer Erdenwanderung. Zungenreden ist gleich einem tönenden Erz und einer klingenden Schelle ohne die Liebe. Diese göttliche Liebe, ausgegossen in die Herzen der Gläubigen, ist größer als Glaube und Hoffnung. Alle Gaben wären nutzlos ohne die Liebe. Sie sind nichts ohne die Liebe (V. 1–3).

Es wird sehr deutlich, daß in diesem Kapitel die Liebe geschaut wird, wie sie für den Schauplatz dieser Welt ausgestattet ist. Sie ist in Verbindung gebracht mit den Dingen, die diese Welt kennzeichnen. In dieser Gestalt ist sie jetzt und hier gefordert und wird dringlich benötigt. Man kann es den Versen 4–7 entnehmen. Dort ist die Liebe in Verbindung gebracht zum Neid, zur Prahlsucht, zum aufgeblähten Wesen, zum ungebärdigen Verhalten der Menschen untereinander, zum Egoismus, der nur an sich selber denkt. Sie steht dem erbitterten Wesen gegenüber, dem Übelnehmen. Sie freut sich nicht der Ungerechtigkeit und anderes mehr. Es sind lauter Dinge, die auf Erden durchlebt und durchlitten werden. Keine Dinge, die wir im Himmel antreffen werden. Darum urteilen wir in Übereinstimmung mit diesen Feststellungen, daß Liebe, Glaube und Hoffnung in diesem Kapitel in ihrer Beziehung zum Zeitalter unserer irdischen Pilgerschaft stehen und zu nichts anderem.

Jetzt also und *hier* muß eine Periode sein, in welcher diese Dinge fortdauern und jenen anderen folgen, welche aufhörten oder wegfielen.

Glaube und Hoffnung wiederum dauern nur fort bis zur Wiederkunft des Herrn für Seine Gemeinde. Dann werden auch diese beiden aufhören, denn der Glaube wird dann abgelöst vom Schauen und die Hoffnung durch die Erfüllung ihrer Verheißungen. Der Glaube endet, wie wir wissen, mit der Entrückung der Gemeinde. Der Herr sagt zu Thomas: »Weil du gesehen hast, darum glaubst du; selig sind, die nicht sehen und doch glauben.« Der Tag aber kommt, an dem der Glaube dem Schauen weichen wird und »wir werden Ihn sehen, wie Er ist und werden Ihm gleich sein« (1. Joh. 3, 2). So wird der Glaube an jenem Tage aufhören. Nun aber setzt er sich noch fort und bleibt durch das ganze gegenwärtige Zeitalter der Gemeinde hindurch erhalten.

Auch die Hoffnung ist von begrenzter Dauer, obgleich sie während des ganzen gegenwärtigen Zeitalters der Gemeinde erhalten bleibt. In Römer 8 lesen wir: »Wie kann man des hoffen, was man sieht?«

Während dieses Zeitalters, in dessen Verlauf die Hoffnung anhält, hoffen wir auf die Wiederkunft unseres Herrn und auf all das, was Er mit sich führen wird bei Seiner Ankunft. Aber wenn Er wiedergekommen ist, dann hoffen wir nicht länger. Wir werden dann vielmehr die Tatsache Seiner Gegenwart haben, wie auch die himmlische Wonne, die damit verbunden ist. So bleibt die Hoffnung für dieses Zeitalter genau wie der Glaube; aber beide weichen ihrer Verwirklichung bei der Wiederkunft des Herrn. Weil aber Hoffnung und Glaube enden werden wenn der Herr kommt, mußten Weissagung, Zungenreden und die Wundergabe der Erkenntnis aus der Anfangszeit *längst zuvor* aufgehört haben.

Nur so kann 1. Korinther 13 recht verstanden werden.

Die folgerichtige Aussage von 1. Korinther 13 und ihrer Lehre ist also deutlich dies:

a) Drei Dinge werden aufhören: Weissagen, Zungen, und die urchristliche Wundergabe der Erkenntnis.

b) Drei Dinge bleiben während des ganzen Zeitalters erhalten: Glaube, Hoffnung und Liebe.

c) Davon werden jedoch Glaube und Hoffnung am Ende des Zeitalters bei der Wiederkunft des Herrn auch aufhören;

d) Nur »die Liebe höret nimmer auf« (V. 8).

Liebe ist ewig wie Gott selbst ewig ist.

Nachwort des Übersetzers

Die Frage, ob heute noch in Zungen geredet werden soll, kann vom Standpunkt des Bibelglaubens aus nur der Heilige Geist entscheiden. Er teilt Seine Gaben aus, nach dem Er will. Er zieht sie auch zurück, nach dem Er will.
Die Stimme des Heiligen Geistes ist Gottes Wort.
Wie dort Seine Antwort auf unsere Frage lautet, hat *W. G. Broadbent* deutlich herausgestellt.
Mit der Schaffung des Neuen Testamentes und seiner Verfügbarkeit für den Glauben, war die Offenbarung Gottes als solche abgeschlossen. Drei der urchristlichen Geistesgaben, nämlich die Offenbarungsgaben des Zungenredens, der Weissagung und der charismatischen Erkenntnis haben ihren Zweck erfüllt. Sie sind im Anschluß an die Entstehung des Neuen Testaments, laut 1. Korinther 13, 8, aus der Reihe der urchristlichen Charismen herausgenommen und haben aufgehört. In der Schrift werden eine Reihe weiterer Geistesgaben genannt, die auch über die Geburtsepoche des Neuen Testaments hinaus fortbestehen. Wir nennen sie hier zur Unterscheidung der verbalen »Offenbarungs«-Gaben, die »Macht«- und die »Helfer«-Gaben des Heiligen Geistes, wie etwa die Gabe der Krankenheilung, der Geisterunterscheidung oder die Gabe einer besonderen Glaubenskraft, wie sie mit weiteren Gaben zusammen in 1. Korinther 12, 7–11 aufgeführt sind. Von einigen zusätzlichen »Helfer-Gaben« des Heiligen Geistes lesen wir auch in Römer 12, 6–8; 1. Petrus 4, 8–11; Apostelgeschichte 6, 3 und andere Stellen. Diese sind allermeist schlicht, auf die Praktiken des christlichen Alltags abgestimmt, aber gerade darum nicht minder wichtige Gnadengaben des Heiligen Geistes. Sie äußern

sich durch die bleibenden Grundkräfte von Glaube, Hoffnung und Liebe, wobei die Liebe die größte dieser Kräfte ist (1. Kor. 13, 13). Sie begleiten den Erdenweg der Gemeinde bis ans Ziel. Die Offenbarungsgaben des Heiligen Geistes aber sind hinter der Geburtsepoche des NT im 1. und 2. Jahrhundert der christlichen Zeitrechnung nachweislich erloschen, wie es in 1. Korinther 13, 8 angekündigt war. An ihre Stelle traten immer deutlicher die Erleuchtungsgaben des Heiligen Geistes über die nunmehr vorhandene Ganzheitsoffenbarung Gottes im biblischen Wort Alten und Neuen Testaments.

Hinzufügungen neuer Offenbarungen sind nicht von Gott. Sie stehen genau so unter Gottes Gericht wie liberaltheologische *Abzüge* (Offbg. 22, 18 u. 19). Beides würde ja die Glaubenssubstanz verändern, denn der »Glaube kommt ... aus dem Wort« (Röm. 10, 17). Niemand soll »über das hinaus, was geschrieben steht« (1. Kor. 4, 6 Elberfelder Übersetzung). Es geht daher bei der Beendigung der drei »Offenbarungsgaben« von 1. Korinther 13, 8 um eine rechtskräftige Anordnung Gottes, deren Gültigkeit sich über das ganze Zeitalter der Gemeinde erstreckt. Nichts wird Gott veranlassen können, eine für die Dauer des Kirchenzeitalters getroffene Anordnung zu widerrufen.

Das alles hat der Verfasser der vorliegenden Schrift, *W. G. Broadbent*, mit seiner exakten Auslegung nachgewiesen und überzeugend begründet. Das »Vollkommene« der Gottesoffenbarung (1. Kor. 13, 10) ist nun da. Gott verpflichtet den Glauben auf das Wahrheitswunder Seines Wortes. Ein Wunder, das nicht erst zu geschehen *hat*, sondern geschehen *ist*. Wer demgegenüber verlangen will, daß ihn Gott durch Zungenreden und Weissagung dem Prozeß einer direkten und darum nebenbiblischen Offenbarung beiwohnen lasse, widerspricht einer klaren Verfügung Gottes. Was die biblischen Apostel und Propheten im Sonderprozeß ihrer inspirierten Schauungen empfangen haben, war etwas grundsätzlich Einmaliges (Eph. 2, 20; 1. Kor. 3, 10 u. 11). Sie haben es daher nicht für sich selbst empfangen, sondern als einmaliges Fundament des Glaubens für die Glaubensgemeinde der ganzen Kirchenzeit (1. Petr. 1, 12!). Wie aber vergleichsweise im Alten Bund das Manna-Wunder beim Eintritt in die Getreideernte des verheißenen Landes aufgehört hat, so sind die Offenbarungsgaben von 1. Korinther 13, 8 mit der Schaffung der biblischen Ganzheitsoffenbarung zurückgenommen worden und haben aufgehört.

Wer solche Grundsätze der Offenbarungsgeschichte Gottes übersehen will, wird bald an *fremde Quellen* gelangen. Quellen, an denen ihm ein gefährlicher »Engel des Lichts« begegnet, von dem Paulus so erschütternd ernst in 2. Korinther 11, 13–15 spricht. Im süchtigen Begehren nach Neuoffenbarungen »über die Schrift hinaus«, hat sich Satan ein Arsenal geschaffen, aus dem er leichten Kaufs seine Mittel für jede Art von Verführungskünsten holen kann. Die »Kasseler Zungenbewegung« in Deutschland um die Jahrhundertwende ist nur eines der schauerlichen Geschichtsbeispiele dafür. Die heutigen Aufbrüche neupfingstlerischer Bewegungen sind offenkundig von denselben Führungsmächten gelenkt.

Der Gemeinde aber fehlt weithin der Durchblick.

Zu den lehrhaften Unklarheiten über das Gebiet der Geistesgaben tritt vielfach noch die mangelnde Information über Entstehung, Weg und Folgen eines fehlgesteuerten Strebens nach geistlichem Sondergut. Man merkt wohl fragwürdige Bedenklichkeiten, verwechselt aber schwarmgeistige »Lebendigkeit« mit »Leben« aus Gott. Man verfällt dem Erfolgsglauben und sagt sich und anderen: Hier »geschieht« wenigstens etwas! Das Bedenkliche wird ver-

harmlost und entschuldigt und die Wächterstimmen überhört.
Wir empfinden darüber eine innere Nötigung, der theologisch gründlichen Arbeit von *W. G. Broadbent* noch einen geschichtlich-informatorischen Anhang beizufügen.
Im *Anhang I* soll das »Heute« der pfingstlerischen Neuaufbrüche beleuchtet und mit dem »Damals« des ersten Aufbruchs verglichen werden. Es geht in beiden Fällen um Quellen-Berichte. Sie sind geeignet, dem Leser zu zeigen, wie gefährlich allein schon die beschwichtigende Verharmlosung schwarmgeistiger Durchbrüche werden kann.
Im *Anhang II* befassen wir uns sodann – den Erscheinungen einer epidemischen Wundersucht gegenüber – vom Standort der Schrift aus mit der brennenden Frage nach dem Wunder, insbesondere nach dem Wundergeschehen in *endzeitlicher* Sicht.

Anhang I

Urchristliche Offenbarungsgaben - oder Täuschung?

Ein neues Pfingsten in Jerusalem?

In das Ringen mit dem Ungeist pfingstlerischer Bewegungen brach anfangs März 1974 in Jerusalem ein alarmierendes Ereignis ein. Die sog. »Weltpfingstbewegung« veranstaltete eine »Weltpfingstkonferenz«. 4300 Teilnehmer waren aus USA, aus weiteren Staaten Europas, Lateinamerikas und anderen Teilen der Welt zusammengekommen. Man hatte für den dreitägigen Kongreß, dem man den anspruchsvollen Titel: Weltkonferenz für den Heiligen Geist, gab, die riesige Kongreßhalle der Stadt, die »Bauten der Nation«, gemietet. Aus den Reihen der charismatischen Bewegungen blickte man erwartungsvoll nach Jerusalem. Man wartete dort auf eine Wiederholung des einstigen Pfingstwunders.

Der bekannte jüdische Schriftsteller, *Shalom Ben Chorin*, der im religiösen Gespräch auf deutschen Kirchentagen und bei sonstigen Gelegenheiten auch in Westdeutschland auftrat und etliche seiner religionsphilosophischen Bücher in deutsch erscheinen ließ, hat einen ausführlichen Erlebnisbericht über diese Konferenz geschrieben.

Zu Beginn seines Berichtes nennt er die betonte Absicht der Veranstalter und sagt: »Hier – (gemeint ist Jerusalem F. H.) – fand, nach dem Zeugnis der Apostelgeschichte sieben Wochen nach der Passion Jesu, die erste Ausgießung des Heiligen Geistes auf die Urgemeinde statt und *hier sollte das Geistwunder wiederholt werden*«.

Was aber statt dessen auf dieser Veranstaltung geschah,

ist ein trauriges Schauspiel dafür gewesen, daß sich am Geist der sogenannten »Pfingstbewegung« herkömmlichen Stils so gut wie nichts geändert hat. Sie ist lediglich unterdessen bekannter geworden, hat sich ausgebreitet und sich auch durch einige Pfingstkirchen in der »Ökumene« etabliert. In Jerusalem hat sie sich in den Tagen der Konferenz mit Erfolg um die gastweise Teilnahme jüdischer Prominenz auf der Ehrentribüne der Kongreßhalle bemüht. Doch hören wir darüber weiter, was Shalom Ben Chorin in seinem Bericht schreibt:

»Schon 1961 fand in dem damals noch im Bau begriffenen Kongreßsaal der Jerusalemer ›Binjaney Hauma‹ die erste internationale Pfingstkonferenz statt. Während aber damals nur die eigentlichen Pfingstlerkirchen (Pentecostals) zusammen kamen, wurde diesmal der Radius *ökumenisch erweitert:* katholische Priester, Nonnen und Laien nahmen teil, sogar Geistliche der Ostkirchen bis zu den Armeniern und vor allem Protestanten aller Denominationen: Lutheraner, Methodisten, Baptisten, Presbyterianer, ebenso Anglikaner. Der griechisch-katholische Erzbischof Raya aus Haifa begrüßte die Konferenz; aber auch die offiziellen israelischen Behörden fehlten nicht: Touristikminister Mosche Kol und Jerusalems Oberbürgermeister Teddy Kollek.

Die Organisation lag in Händen der Internationalen Logos-Organisation in New Jersey, deren Präsident, Daniel Malchuk, das vielstimmige Orchester der »Begeisterten« dirigierte und die Speisung der Viertausend reibungslos durchführte . . .«

Ben Chorin bewundert diese Leistung und fährt in seinem – im ganzen auffallend wohlwollend gehaltenen, wenn auch nicht gerade zustimmenden – Bericht fort: »Man meinte oft, das Rauschen des Heiligen Geistes im Großen Kongreßsaal der Bauten der Nation zu vernehmen, wenn

Tausende die Arme im Gebet erhoben, lang anhaltende Hallelujarufe ausstießen und dann zahllosen Zeugnissen von Männern und Frauen aller sozialen Schichten, vieler Sprachen, verschiedener Hautfarbe, lauschten ...«
Von daher spricht Ben Chorin die Skeptiker und Atheisten an, die seinen Bericht lesen und meint, daß diese sich im Blick auf den ekstatischen Konferenzablauf gesagt sein lassen sollten: »Es gibt eine *innere Wirklichkeit*, die nicht weniger stark, ja vielleicht stärker als jede äußere ist.« Diese innere Wirklichkeit dokumentiere sich auch in der äußeren, sagt Ben Chorin. Als Beweis dafür schildert er das Auftreten in sogenannten Heilungs-Gottesdiensten einer Frau *Kathryn Kuhlmann*, die in seinem Bericht als »Weltstar des Heiligen Geistes« bezeichnet wird. In dem nun Folgenden, was sich im Zeichen dieses »Weltstars des Heiligen Geistes« im Raum unter den Augen jüdischer Prominenz und der vom Taumel erfaßten Menge abspielt, will sich allerdings die Sprache sträuben, noch von einem »Gottesdienst« zu sprechen. Wörtlich heißt es da: »Im hellgelben, hochgeschlossenen Kleid predigt *Kathrin Kuhlmann*, über den Psalmvers: »Deinen Heiligen Geist nimm nicht von mir.« Sie sieht nicht aus wie eine Pastorin, sondern mehr wie eine Fernsehsprecherin. Mit feingliedrigen Händen *zieht sie den Geist auf die Versammlung herab*. Neben mir fällt ein junges Mädchen mit erhobenen Armen zur Erde nieder, verliert sekundenlang die Besinnung. Eine ältere Frau beginnt hemmungslos zu weinen, eine andere bricht in verzücktes Lachen aus. Aber auch Männer werden von dem heiligen Taumel erfaßt, beginnen unverständliche Laute auszustoßen. Das ist die »Zungenrede«, wenn auch nicht in der klassischen Form des Sprechens in einer unbekannten Sprache. Andere wiederum beginnen in ihrer Muttersprache glühende Bekenntnisse zum Geist und zu der Liebe Gottes abzulegen. Dann

werden die Kranken aufs Podium gerufen. Eine lange Reihe von Menschen mit wirklichen und eingebildeten Leiden sammelt sich um Kathryn Kuhlmann. *Sie berührt die Leidenden nur leicht mit den Fingerspitzen*, und schon fallen sie um. Starke Männer, junge Mädchen und alte Frauen, stämmige Burschen. Hilfreiche Arme fangen die bewußtlos Fallenden auf, die sich bald wieder, geheilt (oder angeblich geheilt) erheben, über die Bühne hüpfen oder unter Hallelujarufen abgehen. Was soll dieses Fallen, das wie eine Massenepilepsie wirkt, bedeuten? Eine Wiederholung des Damaskus-Erlebnisses des Apostels Paulus, der vor den Toren der Stadt vom Geist getroffen niedersank und sich als ein Verwandelter erhob.«

Mit dem nächsten Satz des Berichtes kommt eine uns in diesem Zusammenhang bedrückende Feststellung. Ben Chorin schreibt: »Die Nestorin der Konferenz ist die Holländerin *Corrie ten Boom*, die in den Jahren der NS-Verfolgungen vielen Juden in den Niederlanden geholfen hat. (Nestor ist nach der griechischen Sage der alte König von Pylos, ein ältester der Helden, der stets mit weisen, oft nutzlosen Ratschlägen zur Hand war. F. H.).

Ben Chorin schildert nun das Auftreten Corrie ten Booms: »Sie bringt einen Nylonhandschuh mit aufs Podium, hält ihn vor das Auditorium: ›Dieser Handschuh kann gar nichts – aber wenn meine Hand hineinfährt, dann kann er vieles, schreiben und kochen und sogar Klavier spielen. So geht es auch mit uns. Wir können von uns aus gar nichts, *aber wenn der Geist in uns fährt, dann werden wir mächtig.*‹ Sie zieht den Handschuh über die Finger, erhebt die Hände zum Gebet und 8000 Hände folgen: Halleluja. Die Luft im Sitzungssaal ist elektrisch geladen. Zwar erscheinen keine Flammenzungen, aber Scheinwerfer bestrahlen die Szene, denn der Kongreß wird für 250 Fernsehstationen aufgenommen . . .«

Der Bericht schließt mit einer bemerkenswerten Beobachtung, die Ben Chorin auf dieser angeblichen »Wiederholung« des Geistwunders von Pfingsten aufgefallen ist. Er sagt: »Die Israelis selbst stehen etwas verwundert diesen Ausbrüchen eines ekstatischen Glaubens gegenüber, selbst die jungen Mädchen, die die Hörgeräte für die Simultanübersetzung (die Übersetzung in andere Sprachen mittels technischen Apparaten F. H.) ausgeben. Aber eine Übersetzung in die Sprache Israels ist noch nicht erfolgt, weder philologisch noch psychologisch.«
Soweit Shalom Ben Chorin.
Was er als letztes hier in seiner Beobachtung anmerkt, ist dies: Er weiß, daß Pfingsten, auch wenn man auf Grund von Joel 3 von einer »Wiederholung« sprechen will, erstlich mit der Erweckung des jüdischen Volkes zu tun haben müßte. Israel aber, soweit es hier in seinen »Bauten der Nation« vertreten ist, vernimmt kein Wort hebräisch und steht diesen »Ausbrüchen eines ekstatischen Glaubens« hilflos verwundert gegenüber.
Aber auch an anderen Stellen der Jerusalemer Konferenz drängt es uns, den plastischen Bericht aus biblischer Sicht niedriger zu hängen und zu ergänzen.
Zunächst sei dies gesagt: Es wundert uns nicht, daß Ben Chorin die Luft im Kongreßsaal wie »elektrisch geladen« empfand. Die anwesenden Pfingstler würden es freilich gewiß anders gesagt haben. Und ihre Erklärung wäre wohl die richtigere: »Das war der Geist, der unter uns kam und in diesen Ereignissen sich geoffenbart hat.«
Auch wir glauben, daß es ein Geist war. Aber welcher Geist? Man muß die Berichte derer lesen, die in Deutschland die ersten Anfänge der Pfingstbewegung aus den Jahren 1907 und folgende miterlebt haben und – nach anfänglicher Zustimmung – Zeugen der haarsträubenden Entlarvungen einer Geistbewegung »von unten« geworden

sind: Genau dieselben Vorgänge! Vielleicht in den ersten Anfängen des Einbruchs etwas raffinierter an die Situation von damals angepaßt; aber in der nachfolgenden Steigerung der Ereignisse und den darauf folgenden Entlarvungsszenen unter denselben okkulten Durchbrüchen, wie sie sich jetzt aus den Fingerspitzen des medialen »Weltstars«, Kathryn Kuhlmann, anzeigten.*

Auch damals waren die beratenden und führenden »Nestore« der Bewegung großenteils Frauen, die in den Versammlungen als Rednerinnen und Heilerinnen aufgetreten sind. Es wurde in Zungen geredet wie März 1974 in Jerusalem, dazwischen wurden Weissagungen von frappierender Richtigkeit ausgesprochen. Man betete, seufzte, weinte, lachte. Laute und anhaltende Halleluja-Rufe erschallten. Alles war da, wie heute so damals.

Wir glauben daher, manchem Leser einen Dienst der Klärung zu tun, wenn wir weiter unten ihn wenigstens mit *einem* der vielen Berichte aus dem Schrifttum jener Tage

* In einer späteren Presse-Nachricht aus Minnesota wird von einem in USA bekannten Arzt über die Wunderheilungen von Kathryn Kuhlmann folgendes berichtet:
Der in den USA bekannte amerikanische Chirurg und Schriftsteller Dr. William A. Nolen hat erklärt, er habe bei einer Untersuchung von 26 Patienten, die sich an einer religiösen Heilungsversammlung von Kathryn Kuhlmann beteiligt hätten, keinerlei grundlegende Heilungserfolge feststellen können. Nolen wies darauf hin, daß die von einigen Kranken bezeugte Genesung lediglich auf den normalen Ablauf des Krankheitsbildes zurückzuführen sei, der naturgemäß Schwankungen aufweise. Andere Patienten hätten an der Krankheit, die ihnen vor der angeblichen Wunderheilung zugeschrieben worden sei, in Wirklichkeit nie gelitten. Gegenüber Journalisten vertrat Nolen, der zu diesem Thema Anfang nächsten Jahres eine Studie veröffentlichen will, die Auffassung, daß er Kathryn Kuhlmann, die derzeit wohl bekannteste Wunderheilerin in USA, nicht ins schlechte Licht setzen wolle, sondern die Bevölkerung lediglich vor sensationell aufgemachten Mißbräuchen religiöser Wunderheiler warnen wolle. Obwohl Dr. Nolen anschließend betonte, daß er selbst von der gewichtigen Rolle, die dem Glauben beim Heilungsprozeß zukomme, überzeugt sei, erklärte Kuhlmann in einem Telefon-Interview, Dr. Nolen greife nicht sie an, sondern die Macht Gottes.
(Nach idea Nr. 40/74)

bekannt machen. Er schildert den Einbruch der Bewegung in Deutschland, wie er sich in Kassel ereignet hat. So wird unser obiger Hinweis auf die Parallele zwischen damals und heute vielleicht am besten konkretisiert und belegt. Der Bericht stammt aus der Feder eines Teilnehmers in Kassel, der später zum Direktor des »Deutschen EC-Verbandes (Jugendbund für entschiedenes Christentum)« geworden ist und vielen – vor allem jungen Menschen – zum Segen werden durfte.**

Muster einer »Pfingst«-Vision

Daß wir den oben angezeigten Bericht aus dem Jahre 1907 nicht schon hier bringen, hat seinen besonderen Grund. Gerade als wir diese Seite unseres »Anhangs I« niederschrieben, brachte die Post die Fotokopie eines Artikels aus der neuesten Nummer der deutschen Zeitschrift »The Challenger« (zu deutsch: Der Herausforderer) ins Haus. Die Zeitschrift erscheint im »Teen-Challenge-Verlag« in München. Ein Freund hatte ihn uns zugesandt mit der Bemerkung, »daß hier doch eine interessante Entwicklung des Empfängers der ›Vision‹, David Wilkerson, sichtbar werde.«

Wir sahen in dieser, im Augenblick nicht erwarteten Zuschrift eine Fügung und meinen in ihr einen weiteren,

** Wer des Zusammenhangs wegen bereits an dieser Stelle, den angesagten Bericht lesen möchte, kann dies ohne weiteres tun. Er braucht nur einige Seiten umzublättern und das Gewünschte von Seite 125 bis Seite 141 vorweg zu lesen. Er mag dann selber den Vergleich ziehen zwischen den dort beschriebenen Vorgängen in Kassel (1907) und denjenigen vom März 1974 in Jerusalem. Niemand ist genötigt, die Parallelen zwischen damals und jetzt genau so zu sehen, wie wir; aber jeder möge bei beiden Berichten sich redlich fragen, ob man sich das Wirken des Heiligen Geistes auf diese Weise denken kann und denken *darf*.

aktuellen Beitrag zum Thema der pfingstlerischen Offenbarungsgaben heute, sehen zu können.
Der Verfasser, *David Wilkerson,* ist einer der führenden Männer der schwarmgeistigen Stränge in der Jesuspeople-Bewegung aus Amerika. Wilkerson machte auch in Deutschland von sich reden. Dieser aktuelle Tatsachen-Bericht aus der »Pfingstbewegung«, der hier nur auszugsweise wiedergegeben werden soll, läßt uns in eine Art »Vorfertigungsprogramm« der pfingstlerischen Schwarmgeisterei hineinschauen. David Wilkerson empfing, laut dieses Artikels, am 6. April 1973 eine Vision, die er nach eigenen Angaben, einige Zeit für sich behalten hatte. Nun aber sah er sich innerlich gedrängt, sie zu veröffentlichen. Sie bezieht sich zur Hauptsache auf ins einzelne gehende, katastrophale Vorgänge der Weltzukunft in fünf Akten. Jeder Akt beschreibt eine Besonderheit der »geschauten« Zustände und Ereignisse, die zum Teil »kurz bevorstehen«.
Als erstes nennt Wilkersons Vision ein weltweites Durcheinander des Wirtschaftslebens: »Es wird in Deutschland beginnen, nach Japan übergreifen und dann die Vereinigten Staaten erfassen. Große Aktiengesellschaften und Organisationen werden Bankrott machen usw.«
Sodann werden zweitens »ungewöhnliche Naturkatastrophen« vorausgesagt. Unter anderem wird »ein kosmischer Sturm über die Erde rasen und einen Schweif in der Art eines Kometen hinter sich her ziehen. Stürme und Orkane werden über die Erde rasen, so daß alle Menschen sehen können, daß die Natur in Unordnung ist«. So heißt es wörtlich in diesem Visionsbericht. Als drittes soll nach der Ansage des Visionärs Wilkerson die Prophezeiung des Bibelpropheten *Nahum* in Erfüllung gehen, wobei vermutlich an Nahum 3 gedacht ist. Das würde dann bedeuten, daß die Erde – so die Deutung der Vision – von einer noch

nie dagewesenen pornographischen Literaturschwemme überflutet wird und hemmungslose Sexual-Ausbrüche über Zeitungsstände und Sexfilme bis in den Schulunterricht getragen werden. Die heutigen Porno-Blätter werden demgegenüber nur »wie ein Sonntagsschulblatt« aussehen: »Satan wird einen solchen Schmutz ausspeien, wie wir es heute noch nicht begreifen und erfassen können.«
Als vierter und weiterer Punkt der Vision wird ein neues »Nummer-eins-Problem« geschildert, das noch vor dem Sex- und dem Drogenproblem stehen soll. Es ist das Verhältnis zwischen den Generationen, das sich in Kampforgien des Hasses zwischen alt und jung abspielt. In einem fünften und letzten Punkt endlich wird eine schreckliche Christenverfolgung angekündigt, die »in Deutschland beginnt, dann über die Vereinigten Staaten und Kanada und dann über die ganze Welt« sich ausbreiten wird.
Über eine ganze Seite der genannten Zeitschrift verbreitert sich diese visionäre Darstellung der kommenden Dinge, von tiefschwarzen Druckbalken umrahmt und in Großdruck mit »VISION – DAVID WILKERSON« überschrieben.
Wir möchten hier in Kürze auf ein Dreifaches hinweisen, das uns in Verbindung mit dieser »Vision« und im Zusammenhang unserer Gesamt-Abhandlung wichtig erscheint.
a) Was D. Wilkerson hier »geschaut« hat – auf seine Person und seine Bewegung kommen wir weiter unten zurück – wird, von einer Reihe fragwürdiger Seltsamkeiten der Vision abgesehen, genau so gut, ja noch viel umfassender in den Endzeit-Weissagungen der Heiligen Schrift gesagt. Alles freilich in der nüchternen Fassung der Bibelsprache und ohne den sensationellen Charakter der »Wilkerson'schen Weissagung«. Wilkerson aber, der ohnehin – vor allem in pfingstlerischen Jugendbewegungen – ein

hohes Ansehen hat, wird nun natürlich im Glauben und in der Begeisterung seiner Anhänger ranghoch über dem stehen, was die biblischen Propheten in den keuschen Grenzen ihrer Zukunftsvisionen gesagt haben. Der moderne Visionär, David Wilkerson, wird hochgejubelt. Tausende, die ihm ergeben sind, werden in der Richtung seiner Vision und gemäß deren Angaben in die Zukunft blicken. Sie werden ihn durch seine visionäre Sondermeldung als prophetischen Offenbarungsempfänger Gottes bestätigt finden und entsprechend ehren mit einem bedingungslosen Vertrauen. Der Glaube seiner Anhänger hat nicht mehr das prophetische Wort der Bibel im Blickpunkt der Zukunft, sondern die »weit faßbareren und aktuelleren und in ihren Einzelheiten faszinierenden« Schauungen des Visionärs. Andere mögen den in der Vision genannten Propheten Nahum aufschlagen und überrascht fragen, was der dortige Anruf über das damalige Ninive nunmehr mit Punkt 3 der Vision Wilkersons zu tun hat. Unser Herr hat zwar zum sittlichen Charakter der Endzeit auch prophetisch Stellung genommen. Er gab zwei geschichtliche Parallelen an, die Sintflut und Sodom. Von Nahum hat er nichts gesagt. Welch eine erstaunliche Prophetenfigur gibt hier Wilkerson ab! Wo mag die Quelle der Sendung sein?

b) Die Frage ist begründet. Die Vision enthält an anderer Stelle einen Satz, den wir für den eigentlichen Keim einer gefährlichen Führung in den Enthusiasmus und Schwärmerei und damit zum Sturz in die Unwirklichkeit halten. Er ist außerdem dazu angetan, zwangsläufig die werbende Aktivität pfingstlerischer Menschen herauszufordern. Der Satz lautet: »Jedoch wird der augenblickliche Frieden zwischen Ost und West noch einmal eine weltweite Verkündigung mit sich bringen. *Eine Ausgießung des Heiligen Geistes in Westdeutschland wird Ostdeutschland errei-*

chen. Eine Erweckung in Finnland wird nach Rußland sich ausbreiten ...« Wer sagt das alles? Die Bibel sagt es nicht. An ihr kann man Richtigkeit oder Irrtum einer solchen Behauptung, wie die der – natürlich pfingstlerisch verstandenen! – »Ausgießung des Heiligen Geistes über Westdeutschland« nicht nachprüfen. Die Bibel hält sich davor zurück, enttäuschbare Erwartungen, wie sie seit geraumer Zeit in einer Häufung falschgeistiger Visionen geweckt worden und ebensooft unerfüllt geblieben sind, hervorzurufen. Nicht in der Schrift ist eine sonderliche Ausgießung des Heiligen Geistes über Deutschland, Finnland und Rußland geoffenbart, sondern durch David Wilkerson. Sein Name und sein neuerlicher Ruf als Empfänger »göttlicher Offenbarungen«, bringt ihn nicht nur in die Reihe biblischer Endzeitpropheten. Er überragt sie vielmehr, denn er weiß mehr als sie. Ihre, der Schrift Weissagungen beabsichtigen nicht eine interessante, auf Sensation gehende Weltbetrachtung anzubieten. Sie bleibt in den großen Linien des Geschehens und treibt Seelsorge aus der von ihr bezeugten Gewißheit: »Euer Herr kommt zu einer Stunde, da ihr's nicht meinet. Darum seid wach allezeit!«

c) Nun aber weckt die Vision auch die Frage nach der Person des Mannes, der sie von Gott empfangen zu haben behauptet.
Manche unserer Leser mögen es bereits wissen, daß David Wilkerson der Verfasser eines religiösen Bestsellers (meist gekauftes Buch) ist, der in verschiedene Sprachen übersetzt, eine mehrere Millionen umfassende Auflage erlebt haben soll. In deutsch erschien es unter dem Titel: »Das Kreuz und die Messerhelden.« Ein fraglos spannender und von gewissen Wundererscheinungen durchzogener Erlebnisbericht des Verfassers. Obwohl er in diesem Buch seine

Zugehörigkeit zur Pfingstbewegung nicht verschweigt, sind auch in den Reihen quer durch andere Denominationen, ungezählte seiner Leser von diesem Buch hell begeistert worden. Viele von ihnen würde das Wort »Pfingstbewegung« an anderer Stelle besorgt gemacht haben. Warum stellte man bei diesem Buch und seinem Verfasser (und dies bis hinein in die Angebote evangelikaler Verlage) die Bedenken zurück? Wir glauben nicht zu irren, wenn wir vermuten, daß die seltsamen Erlebnisse und Bekehrungsvorgänge, die darin geschildert werden, bei vielen den Schatten solcher Bedenken zu überlichten vermochten. Sind das aber ausreichende Kriterien? Die Schrift lehrt und die Erfahrung bestätigt es in ungezählten Sektenerscheinungen tausendfach, daß wunderbare Erlebnisse schwarmgeistiger Bewegungen und selbst auffallende Bekehrungen mit keineswegs von Gott autorisierten Kräften verbunden sein können. Diese Tatsache hat schon W. G. Broadbent, der Verfasser des Hauptteils unserer Broschüre, an verschiedenen Stellen zur Sprache gebracht.

In unserem Taschenbuch: »Zungenreden, Weissagung – umkämpfte Geistesgaben« (Gnadauer Verlag) haben wir auf Seite 111 ein besonders auffallendes Beispiel dafür wiedergegeben, wie sich Dämonien auch mit frömmsten und lobenswerten Erscheinungen verbinden können.

Hier aber muß nun noch speziell der Frage nach dem *führenden Geist* der Bewegung um David Wilkerson nachgegangen werden.

In der bekannten Monatsschrift »Licht und Leben« (4/74) war in einer Buchbesprechung zu lesen: »Der Essener CVJM hat sich von den »Children of God« distanziert, weil sie sich auf den Boden schlüpfriger astrologischer Spekulation begeben hätten und ihr Gründer in Amerika sich als Messias verstehe. Das ist glatte Schwärmerei, wenn nicht noch mehr.« An anderer Stelle derselben Nummer (S. 62) wird die Sache noch einmal aufgegriffen und gesagt: »Wir sollten vorsichtig und zurückhaltend sein, wo superpfingstliche Methoden angewandt und Lehrbehauptungen über enthusiastische Geistesgaben wie Geistestaufe aufgestellt werden. Hier bewegen wir uns an der Grenze und verfallen einem anderen Geist. Davor müssen wir uns hüten.«

Nun könnte man freilich einwenden: Was hat der Pfingstprediger David Wilkerson, mit einer solch gefährlichen Richtung der Jesus-People, den »Children of God« zu tun, wenn diese ihren Gründer und Führer – den Judenchristen, David Berg – als Messias verehren?

Darauf ist folgendes zu antworten:

In einer Selbstdarstellung, die eben dieser David Berg über sich und seine Bewegung geschrieben hat, kommt er u. a. auch auf David Wilkerson zu sprechen. Er nennt ihn seinen »lieben alten Freund«, mit dem die »Children of God« (die David Berg »seine Kinder« nennt) in den Teestuben Wilkersons zusammengearbeitet hätten. Im weiteren weist dieser Mann, der sich von seinen zu Tausenden zählenden Anhängern als »Messias« feiern läßt, nach, daß *er* den Grund zur *gesamten* »Jesus-People-Bewegung« gelegt habe. Das, was *nach* ihm und seiner Gründung an Jesus-People-Gruppen aufgekommen sei, hätte alles von ihm und seinen »Children of God« übernommen. Er zählt auf: »Unsere Rufe, unsere Treffen, unsere Slogans, das One-way-Fingerzeichen, die Märsche, die Taufen am Strand und andere Demonstrationen . . .« Sie seien bei ihm auf den »fahrenden Wagen gesprungen«. David Berg ist verärgert und beschuldigt die Führer anderer Gruppen, darunter auch seinen »lieben alten Freund«, David Wilkerson, daß sie nun nachträglich die Lorbeeren dafür einzuheimsen suchten als hätten sie die

Jesus-Revolution angefangen.
Unterdessen ist es zwischen Wilkerson und Berg zu einem Riß gekommen. Berg bezeichnet heute David Wilkerson »als einen Leiter, der sich schließlich zu einem bitterlich eifersüchtigen und rachsüchtigen Nachzügler der Hippiebewegung, der Jesus-Revolution«, entwickelt habe. Hier fällt ein deutliches Licht auch auf die David Wilkerson'sche Bewegung. Sie geht mit ihrer Wurzel auf den falschprophetischen Raum eines David Berg zurück. Dieser sagt an der gleichen Stelle seiner Selbstdarstellung von sich, daß »viele Propheten über ihn geweissagt« hätten. Unter anderem auch, »daß sein Amt, als Gründer und Anführer der Jesus-Revolution eine Erfüllung von 5. Mose 18, 15–18 sei.«
Daß jene Weissagungen Moses von einem »anderen Propheten«, den Gott erwecken wolle, nicht auf einen solchen Lügenpropheten, wie den »lieben alten Freund« David Wilkersons, sondern auf unseren Herrn Jesus Christus geht, wird im Neuen Testament mehrfach bezeugt. Man lese: Johannes 1, 21 und 45; 6, 14; Apostelgeschichte 3, 22–23; 7. 37! Wenn aber einem Pfingstprediger, wie David Wilkerson, schon in der Wurzel seiner ohnehin pfingstlerischen Abstammung solche Verbindungen nachzuweisen sind, wie die beschriebenen mit dem falschen Christus, David Berg, und wenn sich dieser nun als Visionär einer weltweit gültigen Zukunftsprophetie ausgibt, dann ist mit einem gutmütigen Übersehenwollen der Dinge der Sache Gottes ein schlechter Dienst getan. Wer sich einem solchen Geist harmlos in die Arme wirft, ist dem Betrug der Finsternis schon gefährlich weit ins Netz gegangen. Und wer darüber dann die Warnrufe des geistlichen Wächterdienstes der Gemeinde, den wir auch mit dieser Schrift auszurichten haben, mitleidig oder gar verärgert beiseite schiebt, hat u. E. das Recht verloren, sich

einen wahren Hirten der Schafe Jesu zu nennen. Hier kann in der Tat nur noch ein bußfertiger Geist aus den Fesseln dämonischer Bindungen helfen und der schwarmgeistigen Unterwanderung des Volkes Gottes Einhalt geboten werden. *Wir* jedenfalls möchten die Verantwortung für soviel ungewarnt geduldeter Öffnung christlicher Kreise sowohl nach links zum theologischen *Lehr-Pluralismus* hin, als auch nach rechts zum nicht minder gefährlichen *Offenbarungs-Pluralismus* der schwarmgeistigen Bewegungen, nicht tragen müssen.
Auch den Kampf scheuendes Schweigen würde hier zur Sünde werden!

Wie es damals zuging

Das hier gemeinte »Damals« bezieht sich nun nicht auf das Pfingstwunder, wie es sich einst nach der Himmelfahrt Jesu in Jerusalem ereignet hat und wie es sich im März 1974 gemäß der Erwartung der »Weltpfingstbewegung« auf dem Kongreß in den »Bauten der Nation« im heutigen Jerusalem »wiederholen« sollte. Wir meinen mit dem »Damals« den Vergleich des Weltpfingstlertums heute, mit dem Einbruch der ersten Pfingstbewegung nach Europa und durch die »Kasseler Zungenbewegung« im Jahr 1907 nach Deutschland.
Und wie war es *damals?* Wir sagten schon an anderer Stelle: Genau dasselbe fromme Gewand, genau dieselben abstoßenden Praktiken, genau derselbe Geist, der von Führern und Geführten für den Heiligen Geist gehalten worden war. Der Unterschied liegt nur in der veränderten Kulisse zwischen der damaligen Zeit und der heutigen und in der modern »verbesserten« Praxis. Der Satan und seine Werkzeuge mögen aus früheren Erfahrungen einiges hinzugelernt haben .

Wie die im anglikanischen Raum wiedererweckten Bewegungen *heute*, so bediente sich auch damals schon die (ebenfalls im anglikanischen Raum) aufgebrochene, *erste* Pfingstbewegung der Zusammenkünfte strebsamer Christen. Weissagungen, Gesichte, Zungenreden und Wunder aller Art, wie sie nach den Berichten des Neuen Testaments der noch fast ganz bibellosen Urgemeinde aus naheliegenden Zweckmäßigkeitsgründen geschenkt worden waren, traten in auffallender Häufung in Erscheinung. Menschen bekehrten sich, Kranke wurden geheilt. Es wurde in Zungen geredet, Weissagungen ausgesprochen, Gesichte geschaut und seltsame Zeichen erlebt. Träger solcher Gaben enthüllten in den Versammlungen von anwesenden Menschen Sünden, in denen die Betroffenen tatsächlich lebten. Bei den schon erwähnten Krankenheilungen geschah es bisweilen, daß fremde Mächte unter Geschrei aus den Leibern der Geheilten ausfuhren und anderes mehr. Die Bewegung sprang bald auf verschiedene Länder über. Durch den späteren Führer der nordischen Pfingstbewegung, Prediger *Baratt*, war sie zunächst aus Amerika nach Norwegen und 1907 durch die zwei Norwegerinnen, Dagmar Gregersen und Agnes Tolle, nach Deutschland gekommen. Welche verhängnisvolle Rolle letztere spielten, wird uns im folgenden Bericht deutlich werden.

Otto Kaiser, Beamter bei der hessischen Provinz-Verwaltung in Kassel und späterer Direktor der »Deutschen Jugendbünde für Entschiedenes Christentum (EC)«, erzählt in seiner Schrift: »Erlebnisse und Erfahrungen mit der Pfingstbewegung«, wie die Einführung der Pfingstbewegung in Kassel aussah.

Leider ist die erwähnte Schrift im Buchhandel längst nicht mehr zu haben. Wir glauben daher mit dem Auszug der entscheidenden Stelle dieser Schrift und ihrem erschütternden Erlebnisbericht, den Lesern einen Dienst zu tun. Wohl kaum eine der zahlreichen Veröffentlichungen, die aus der Frühzeit der Pfingstbewegung in Deutschland erschienen, vermag Tarnung und Entlarvung des Betrugs der Pfingstgeister so überzeugend zu verdeutlichen, wie die Schilderung von Otto Kaiser.

Um den Überblick über die ausführliche Darstellung damaliger Vorgänge zu erleichtern, haben wir den Bericht in einzelne Abschnitte untergeteilt und mit Überschriften versehen, die im Original fehlen.

Hier nun der Bericht:

Eingeladen

Es war am ersten Juli-Sonntag des Jahres 1907. Mit einigen Brüdern war ich auf dem Nachhausewege aus einer Gemeinschaftsstunde in Kassel, als uns der nun längst heimgerufene Pfarrer Emil *Sperber* begegnete, der uns mitteilte, daß er soeben aus einer Versammlung komme, die der damals bekannte Evangelist *Heinrich Dallmeyer* * im Blaukreuz-Haus in Kassel, Schillerstr. 4, gehalten habe. Pfarrer Sperber sprach von tiefgehenden Segnungen, die besonders durch *zwei norwegische Schwestern,* die Bruder Dallmeyer mit nach Kassel gebracht hatte, vermittelt würden. Er lud uns für die in den anschließenden Tagen stattfindenden Versammlungen ein.

Diese Einladung ließ ich mir nicht zweimal sagen. Am nächsten Tag saß ich in der hintersten Stuhlreihe des Blaukreuz-Saales, der bis auf den letzten Platz gefüllt war. Neben mir saß ein mir befreundeter, jetzt führender

* Heinrich Dallmeyer wurde später zum entschlossenen Gegner der Pfingstbewegung und warnte mündlich und schriftlich leidenschaftlich vor ihr.

Mann der Gemeinschaftsbewegung, der einen Bruder seiner Gemeinschaft mitgebracht hatte.

Von den ersten Tagen tief ergriffen

Zur festgesetzten Zeit eröffnete Bruder Dallmeyer die Versammlung mit Lied und Gebet. Danach sprach er über ein Schriftwort. Was er sagte, ist mir entfallen; aber ich selbst und meine Bekannten standen unter dem tiefen Eindruck, daß von dem Redner eine besondere Kraft ausging, die die Zuhörer in die Gegenwart Gottes stellte. Der Eindruck besonderer Geisteswirkung wurde noch vertieft, als eine der Schwestern aus Norwegen eine kurze Ansprache an die Versammlung richtete. Auch auf das, was sie sagte, kann ich mich nicht mehr besinnen, allein es lag eine solche Kraft in ihren Worten, daß wir uns förmlich wie vom Wort »durchbohrt« vorkamen. Dabei ist nicht zu beschreiben, mit welcher Innigkeit sie den Namen »Jesus« aussprach. Noch nie hatte ich bis dahin einer Versammlung beigewohnt, in der eine solche ungeteilte Aufmerksamkeit und feierliche Stille herrschte wie in dieser Zusammenkunft. Die Zuhörer waren tief bewegt, und doch konnte man dabei nicht das geringste Störende wahrnehmen. Ein neben mir sitzender Bruder fing leise an zu weinen. Die Versammlung war zu Ende. Still ging man auseinander; wohl alle Versammlungsteilnehmer hatten das Bedürfnis, mit dem Herrn allein zu sein.

Am nächsten Tag unternahm ich mit meinem Bekannten vom Abend vorher einen Gang durch die Stadt. Plötzlich blieb er stehen und sagte in ernstem feierlichen Tone, auf die durch die Straßen eilenden Menschen hinweisend: »Nun gehen die Menschen dahin und wissen nicht, welche wunderbaren Dinge hier geschehen.«

Am Dienstag wiederholte sich die Versammlung vom Montagabend, was den äußerlichen Verlauf angeht, aber die Wirkung des Wortes ging noch tiefer und zielte vor allem auf eine innere Reinigung des Volkes Gottes ab. Es darf nicht verschwiegen werden, daß eine Erweckung unter den Gläubigen ausbrach. Man bekannte sich gegenseitig seine Sünde und bat für begangenes Unrecht um Vergebung. Unversöhnliche gaben ihre Feindschaft auf und reichten sich die Bruderhand. Alte Sündengeschichten wurden vor dem Herrn geordnet, kurz – man stand allgemein unter dem Eindruck, daß der Herr sich Sein Volk für tiefere Segnungen vorbereite. Soviel mir bekannt geworden ist, hat sich in diesen Tagen nichts gezeigt, was auf eine unnüchterne Bewegung schließen ließ. Dagegen zeigte sich ein rechter Heiligungsernst, der vor einem Offenbarwerden vor Gott und – wo es nötig war – vor Menschen nicht zurückschreckte. Wieviel und ernstlich ist doch in diesen Tagen gebetet worden! Man glaubte, in der beginnenden Bewegung eine Antwort Gottes auf die vielen Gebete der Gläubigen um eine Erweckung zu sehen.

Am Mittwochnachmittag besuchte ich die von Bruder Dallmeyer gehaltene Bibelstunde. Soweit ich mich entsinne, sprach er damals über das Wort aus Hesekiel 21, 1–5: »... So spricht der Herr Herr: Siehe, ich will in dir ein Feuer anzünden, das soll beide, grüne und dürre Bäume verzehren, daß man seine Flammen nicht wird löschen können ...« Es war wirklich ein Feuer, das hier angezündet wurde und das scheinbar vieles Dürre und Morsche verbrannte. – In dieser Versammlung meinte man in ganz besonderer Weise die Gegenwart Gottes zu spüren. Da – ganz plötzlich und von allen unerwartet – fing eine Norwegerin an in Zungen zu reden. Ihre Botschaften wurden übersetzt. Es waren fast durchweg Zeugnisse der Heiligen Schrift, die in erschütterndem Ernst zu der Versammlung sprachen. Die Atmosphäre in der Versammlung war trotz der ernsten Botschaften so, daß man glaubte, man sei im Himmel und werde von Gott Selbst angesprochen. Viele der Teilnehmer brachen in ein stilles Weinen aus, das sowohl aus dem Gefühl tiefer Beugung als auch einer tiefen Glückseligkeit floß. Zum Schluß wurde der Versammlung durch die Norwegerin das Verheißungswort Lukas 12, 32 zugerufen: »Fürchte dich nicht, du kleine Herde, denn es ist eures Vaters Wohlgefallen, euch das Reich zu geben.« So tief wie an diesem Nachmittag war es noch in keiner Versammlung gegangen. Innerlich aufs Tiefste berührt, gingen die Teilnehmer still auseinander.

Seltsame Vorgänge am darauffolgenden Abend

Am Abend dieses Mittwochs setzten sich die üblichen Versammlungen der Tage vorher fort. Die Versammlung verlief wie sonst, nur daß jetzt öfters die Zeugnisse von Bruder Dallmeyer durch Zungenreden der norwegischen Schwestern unterbrochen wurden. Nach Schluß dieser Versammlung forderte Bruder Dallmeyer alle die auf, die ihr Leben voll und ganz Gott übergeben wollten und die Taufe mit dem Heiligen Geist begehrten, zurückzubleiben und mit ihm nach dem oberen Saal zu kommen. Etwa 80 bis 100 Personen mögen es gewesen sein, die der Aufforderung nachkamen und sich in dem oberen Saal versammelten, um an einer anschließenden Versammlung teilzunehmen. Und nun geschah etwas sehr Bemerkenswertes. Niemand leitete die Versammlung. Nach Meinung der Brüder sollte der Heilige Geist selbst die Leitung dieser Zusammenkunft haben. Ein Lied wurde angestimmt, Brüder beteten, ein Schriftwort dazwischen gesagt, wieder von irgend jemand ein Lied angestimmt und so fort. Und obgleich niemand als Leiter in Erscheinung trat, war der Verlauf so, daß man über die klare Ordnung im höchsten Grad erstaunt sein mußte. Der beste Organisator hätte kein schöneres Programm zusammenstellen können, wie es sich hier, von unsichtbarer Macht gefügt, aneinanderreihte. Dann kniete die ganze Versammlung nieder und betete. Die Gebete waren kurz, innig zielbewußt um die Gabe des Heiligen Geistes. Plötzlich sprang ein führender Bruder der Gemeinschaftsbewegung, der vor kurzem in die obere Heimat gerufen wurde, von seinen Knien auf, machte Luftsprünge, schlug dabei seine Arme weit zurück und schrie, so laut er konnte, ein über das andere Mal »Halleluja, Halleluja«. Die Fenster des Saales standen bei der im Juli herrschenden Hitze alle sperrweit offen, und dieses Halleluja-Rufen drang vom Blaukreuz-Hause weit in die Straßen der Stadt hinein. Ich bin überzeugt, daß man es mindestens einige Minuten weit gehört hat. Dies war wohl die beste Propaganda für die Bewegung.

Bei dem Halleluja-Rufen des Bruder sprang der mit uns betende *Pfarrer Blackert* aus Kassel (drei Gemeinschaftspastoren nahmen an dieser Gebetsversammlung teil) auf, lief mit ziemlichem Gepolter über die Knienden hinweg, verließ den Raum und schlug die Saaltüre heftig hinter sich zu. Soviel ich weiß, hat er während der ganzen Zeit der Bewegung die Versammlungen nicht mehr besucht. Er wurde dann auch vor den verderblichen Folgen der Bewegung bewahrt.

Die Fragwürdigkeiten mehren sich

An den folgenden Tagen wiederholten sich diese besonderen Versammlungen im oberen Saal, und immer kamen unter ähnlichen Erscheinungen sogenannte »Geistestaufen« vor. Diese besonderen Gebetsversammlungen wurden aber aufgegeben, nachdem auch in den Hauptversammlungen und in den Bibelstunden an den Nachmittagen »Geistestaufen« vorkamen. Dadurch wurden aber diese Versammlungen immer bewegter und lebhafter.

Es ist erklärlich, daß unter diesen Verhältnissen sich das

Volk Gottes in Kassel allgemein an den Versammlungen beteiligte. Wenngleich auch die leitenden Brüder einzelner Gemeinschaftskreise eine offizielle Beteiligung abgelehnt hatten, so konnten sie doch nicht verhindern, daß sich die Glieder ihrer Gemeinschaften an den Versammlungen beteiligten. Auch von außerhalb kamen zahlreiche Geschwister, um an den »Segnungen«, von denen sie gehört hatten, teilzuhaben. Führende Männer im Reiche Gottes stellten sich ein, um zu prüfen und eventuell auch zu empfangen. Unter anderem kamen in den ersten Tagen Direktor *Haarbeck* vom Johanneum und der bekannte Prediger *Elias Schrenk*. Letzterer richtete auch eine kurze Ansprache an die Versammlung, die er mit den Worten schloß: »Wenn ihr euch dem Herrn völlig überlaßt, dann dauert es keine fünf Minuten und ihr habt den Geist Gottes.« Schon aus dieser Stellungnahme Schrenks ist zu ersehen, daß bis dahin im Versammlungsverlauf keinerlei bestimmte Anzeichen vorlagen, aus denen auf einen Irrgeist zu schließen gewesen wäre. Wohl hat Prediger Schrenk an einem der folgenden Tage auf einen Widerspruch in den ausgerichteten Botschaften hingewiesen, der aber dann auf die Bitte von Bruder Dallmeyer durch eine der norwegischen Schwestern geklärt wurde, so daß Prediger Schrenk hierauf mit den Worten antwortete: »Es sollte mir leid tun, wenn ich durch meine Fragestellung den Geist Gottes betrübt hätte.«
Mit der sogenannten Geistestaufe war in vielen Fällen die Gabe des Zungenredens verbunden, so daß jetzt immer mehr Zungenredner in den Versammlungen auftraten und oft die Ansprachen unterbrachen. In zahlreichen Fällen wurden die Botschaften der Zungenredner übersetzt. In der Hauptsache wurden – soweit nicht die Sünden von Anwesenden genannt wurden – alt- und neutestamentliche Bibelworte wiedergegeben. Dabei fiel es auf, daß die

Stimmen die Versammlung sehr oft in der ersten Person anredeten: »Ich, der Herr, sage euch ...«
Mit diesen Botschaften offenbarte sich alsbald in besonderer Weise der Geist der Weissagung. Aus meiner Erinnerung schreibe ich nur einige Botschaften nieder.
»Dort oben auf der Empore sitzt ein Bruder B. aus K., der hat während seiner Militärzeit in der Garnison eine Bürste gestohlen und diesen Diebstahl nicht wieder in Ordnung gebracht. Er soll sofort dafür sorgen, daß die Sache geordnet wird.« Tatsächlich saß der Bruder in der Versammlung. Eine weitere Botschaft: »Der Bruder W. (ein Vorstandsmitglied einer Gemeinschaft) hat sich versündigt. Er soll sofort hinausgehen und Pfarrer Sperber seine Sünde bekennen.« Der Bruder zögerte. Die Aufforderung wird noch bestimmter wiederholt. Dann geht der Bruder langsam hinaus, kommt aber nach einiger Zeit wieder in den Saal zurück. Er hat sich kaum auf seinen Platz gesetzt, da kommt die Botschaft von neuem: »Der Bruder W. ist wieder hereingekommen ohne seine Sünde bekannt zu haben. Er soll hinausgehen und seine Sünde bekennen.« Von neuem verläßt der Bruder seinen Platz, um aber nach geraumer Zeit wieder im Saal zu erscheinen. Zum drittenmal kommt die Botschaft: »Der Bruder W. ist wieder hereingekommen. Er soll hinausgehen und Pfarrer Sperber seine Sünde bekennen.« Dann geht der Bruder zum drittenmal, und nun tritt er wirklich den Weg zu Pfarrer Sperber an und bekennt ihm seine Schuld.
Eine weitere Botschaft: »Hier vorn in der ersten Reihe sitzt ein junger Mann namens ... (der Name wird genannt). Dieser hat heute morgen eine Sünde der Unsittlichkeit begangen« – und so fort. So werden die Sünden der Einzelnen ans Licht gezogen. Wer nicht gewillt ist, mit seinem alten Leben völlig aufzuräumen, der darf nicht in diese Versammlungen gehen, denn hier wird, wie man

das ausdrückt, »reine Sache gemacht«.
Die Versammlungen nahmen während der nächsten Tage ihren Fortgang wie bisher, nur daß die »Geistestaufen« immer zahlreicher wurden, ebenso auch die Gaben des Zungenredens und des Weissagens. Besonders ist es ein auswärtiger gläubiger Lehrer, der mit dem »Geist der Weissagung« erfüllt ist und der die Sünden der Versammlungsteilnehmer, sehr oft unter Namensnennung, öffentlich straft.

Auch die Wächter werden irritiert
Es zeigen sich im Laufe der Zeit mancherlei Erscheinungen, die einsichtige Gläubige bedenklich machen mußten. Aber es wird seitens der Leitung darauf hingewiesen, daß – wo Zweifel im Herzen laut werden – der Heilige Geist auf alle Fragen Antwort gebe. Und in der Tat, der Geist, der sich auf die ganze Versammlung und wohl auf jeden Teilnehmer gelegt hat, leitet die Gedanken der einzelnen »in wunderbarer Weise« und gibt Antwort auf Fragen, auf die Gotteskinder sonst ohne Antwort bleiben. So ist es zu verstehen, daß schließlich niemand, *um sich nicht gegen den Geist zu versündigen,* Zweifel an der Echtheit der Bewegung aufkommen läßt oder ihnen nachgeht, ohne den Herrn um Rat gefragt zu haben. Ein damals in der Zungenbewegung führender Bruder schreibt, nachdem er die Bewegung als eine dämonische erkannt hatte: »Satan hat auf jede Frage und für jeden Fall so passende Bibelworte, daß man schon jetzt betrogen wird, wenn man nicht weiß, daß man es mit dem Teufel zu tun hat. Ich habe durch »Zungenreden« auf meine lauten und leisen Mißtrauensgedanken Bibelsprüche bekommen, daß ich heute noch wie vor einem Rätsel stehe, wie Satan die Schrift kennt, obwohl auch er sie nicht für sich gelernt hat . . . Daß die Bibel auch sein Schwert ist, besonders den

Kindern Gottes gegenüber, das wußte ich. Es ist nicht leicht, ihm hier beizukommen. Er ist gut theologisch geschult und hat sich für seinen theologischen Verführungskampf außerordentlich gut vorbereitet. Er sagt auch seine Bibelsprüche keineswegs gedankenlos her, wie man das wohl bei ihm erwarten könnte! O nein! Es ist Dynamit dahinter. Jedes Wort ist in Kraft gesprochen, so daß ich eigentlich in dieser Bewegung zum erstenmal recht verstehen gelernt habe: »Es ging ihnen durchs Herz.« Wenn Satan Bibelworte schleudert, die sind wie das Rollen eines Donners. Schon davon können schwache Leiber zu Boden geworfen werden. Wer das nicht erlebt hat, wird das kaum begreifen.«

Es ist in der Rückerinnerung erstaunlich, wie die einzelnen, die sich an den Versammlungen beteiligt haben, durch den Geist der Versammlung geleitet wurden. Ich glaube nicht, daß ich übertreibe, wenn ich sage, daß fast auf alle Fragen sofort eine prompte und klare Antwort gegeben wurde und zwar immer im Sinne der Bewegung, so daß Zweifel an der göttlichen Gabe des Geistes nicht aufkommen, jedenfalls aber nicht ihre Wirkung haben konnten. Wie ich aus Erfahrung weiß, wurden Antworten durch die Bibel wie durch ein Orakel gegeben. Auch in den äußeren Dingen fand eine fortgesetzte Leitung durch den »Geist« statt. Zum Beispiel: Du brauchst dich nicht zu beeilen, die Straßenbahn kommt noch nicht – und es war so. Oder, du mußt dich sehr beeilen, sie kommt sofort um die Ecke – und es traf zu. Diese so augenfällige Führung durch den »Geist« wurde als in der vermehrten Gabe des Heiligen Geistes liegend angesehen.

Der aufmerksame Beobachter in den Versammlungen gewann den Eindruck, daß sowohl die Verkündiger als auch die Zungenredner unter der Machtwirkung eines Geistes standen, der sie vollkommen beherrschte und dessen

Sprechwerkzeuge sie waren. Weil nun auch die Verkündigung von den Zentralwahrheiten der Heiligen Schrift ausging, vornehmlich vom Kreuz Christi, von Sünde und Gnade, von Rechtfertigung und Heiligung sprach, so wurde etwa aufkommendes Mißtrauen zerstört. Der herrschende Geist verstand es meisterhaft, die Sprache des Neuen Testamentes zu führen und *dabei immer wieder vor den Verführungsmächten des Satans zu warnen*, so daß der Hörende, wie ein Bruder sich ausdrückte, »laut oder leise sagte: Es ist der Herr.« Damit hatte Satan erreicht, was er zunächst erreichen wollte. Er fand Glauben und auch Gehorsam. Wer erst den Geist des Zungenredens für den Geist des Herrn hielt, der war einfach verraten und verkauft. Da gab es kein Zurück mehr, weil Satan täglich neue und schlagende Beweise für die »Göttlichkeit« seines Werkes brachte.

Heilungswunder, Gesichte und andere Erscheinungen

Mit dem Empfang der sogenannten Geistesgaben geschahen auch mancherlei Wunder und Zeichen. Kranke wurden von ihren langjährigen Krankheiten befreit. Wir hatten in unserer Gemeinschaft ein junges Mädchen, das wohl schon ein halbes Jahr schwer leidend zu Bett lag. An ein Aufstehen war nicht zu denken. Dann, so erzählte sie mir, kam plötzlich, während die Versammlungen im Blaukreuz-Haus stattfanden, eine Stimme zu ihr: »Stehe auf, du bist gesund.« Sie antwortete darauf: »Ich kann nicht aufstehen, ich bin doch krank.« »Nein«, sagte die Stimme von neuem, »stehe sofort auf, du bist gesund«. Und wieder äußerte sie ihre Bedenken. Dann kam zum drittenmal die Stimme: »Wenn du nicht sofort aufstehst, dann wird es schlimmer mit dir.« Sie gehorchte nun, wie sie mir sagte, im Glauben und stand auf und siehe, sie war vollkommen gesund und ging an demselben Tag noch durch die Straßen der Stadt Kassels, zum großen Erstaunen der Bekannten, die ihr begegneten. So gab es mancherlei Krankenheilungen innerhalb der Bewegung. Auch unbekehrte Menschen wurden zu Gott bekehrt. Was aber am augenfälligsten war, ist, daß viele Geschwister besondere Offenbarungen und Erscheinungen des Herrn erlebten. In zahlreichen Fällen erzählten Gläubige, daß der Herr Jesus ihnen begegnet sei, unter anderem auf den Straßen Kassels im Dornenkranz. Auch Teufelserscheinungen waren nicht selten. Eine gebildete gläubige Frau sagte mir: »Heute Nacht, als ich vollkommen wach in meinem Bett saß, stand der Satan vor meinem Bett und schoß einen großen Feuerstrom nach mir.« Ich glaube nicht zu übertreiben, wenn ich sage, daß die Erscheinungen in die Hunderte gingen. Weiter machten sich auch merkwürdige Erscheinungen in den Familien und in den Wohnungen der Gläubigen bemerkbar. Ein junger gläubiger Mann, Abiturient, erzählte mir, daß in seinem Schlafzimmer sich der Wasserkrug hochgehoben habe und spielend vor ihm herumgetanzt sei.

Die Fragwürdigkeiten häufen sich

Die Mitteilung des »Geistes« geschah je länger je mehr unter ganz besonderen Äußerungen der Empfangenden. Vielfach stießen die »Geistgetauften« Freudentöne aus oder priesen den Herrn durch lautes und stürmisches Gebet. Andere seufzten schwer und stöhnten wie ein Schwerkranker, so daß man die Töne einer gezogenen Säge zu hören glaubte. Ja, zuweilen stießen »Geistgetaufte« unartikulierte oder gar tierische Laute aus. Die Mehrzahl der »Geistgetauften« fiel auf ihre Knie, sofern die Geistestaufe nicht während dem knienden Gebet erfolgte. Manche sanken aber laut hin auf ihr Angesicht und lagen lang hingestreckt im Saal, und einige fielen sogar auf den Rükken, manchmal in einer recht zweifelhaften Lage. Das alles aber wurde von der Leitung aus als vom Heiligen Geist gewirkt bezeichnet. Einige unter den »Geistgetauften« schlugen aus scheinbarer Freude mit ihren Händen so fest auf die Sitze ihrer Stühle, daß man meinen konnte, sie würden sich die Finger zerbrechen.

Es ist begreiflich, daß es bei der großen Zahl der »Geistgetauften« und Gabenträger, die nun alle singend, betend, weissagend zu Worte kamen, ein ziemliches Durcheinander in den Versammlungen gab. Manchmal beteten zu gleicher Zeit zwei, drei; oder einer betete, der andere weissagte und so fort. Die Leitung suchte möglichst Ordnung hineinzubringen, aber dies war ihr mit dem besten Willen nicht immer möglich, so daß jemand, der zum ersten Male in die Versammlung kam, den tiefen Eindruck bekommen mußte, hier waltet ein Geist der Unordnung und Disziplinlosigkeit, hier hat der Heilige Geist gewiß keinen Raum. Die aber, die schon längere Zeit die Versammlungen besucht hatten und mehr oder minder unter dem Einfluß dieses Geistes standen, hatten es – wie ich oben bereits ausführte – ungemein schwer, zu beurteilen, was für ein Geist hier am Wirken war.

Nach vier Wochen deutscher Pfingstbewegung schaltet sich die Ordnungspolizei ein.

Durch das laute Wesen der Versammlungen wurden viele Neugierige herangelockt. Unter anderem auch Menschen, die Feinde des Evangeliums waren. Und nun zeigte es sich, daß auch diese Menschen dem Geist der Versammlung unterworfen wurden. Unbekehrte Menschen empfingen die Gabe des Zungenredens. Von zuverlässiger Seite wird allen Ernstes behauptet, daß Weltkinder außerhalb der Versammlung, sogar in Wirtschaften hinter dem Bierglas, die Gabe des Zungenredens empfangen hätten. Das Gespräch von diesen Versammlungen lief bald in der ganzen Stadt um. Dazu kam, daß Zeitungsreporter von diesen merkwürdigen Erscheinungen gehört hatten und nun in die Versammlungen kamen, um einige Artikel in die Zeitungen zu schreiben. Das brachte dann die Massen der Kasseler Bevölkerung auf die Beine und abends, wenn die Versammlungen stattfanden, fand man die Straßen, die nach dem Versammlungslokal führten, blockiert voll mit Menschen. Versammlungsbesucher, die sich verspätet hatten, hatten Mühe hindurchzukommen, wobei sie viel Spott und Hohn auf sich nehmen mußten. Schließlich mußte die Polizei eingreifen, um Ordnung zu halten und patroullierte mit Polizei-Hunden hin und her. Bruder Dallmeyer machte die Geschwister in der Versammlung darauf aufmerksam und erklärte, sie sollten sich nicht fürchten, die Polizei sei zum Schutze der Versammlungsbesucher da.

Je bewegter die Versammlungen im Saal wurden, um so lauter grölten die Menschen auf der Straße. Es ist nicht auszudenken, was damals an Spott und Lästerreden laut geworden ist. Eines Abends trat mit mir ein großer stattlicher Herr mit wallendem Bart aus dem Portal des Hauses auf die Straße; als die Menge diesen Mann, der eine patriarchalische Erscheinung bot, sah, schrie sie wie aus einem Munde: »Der Heilige Geist!« und hörte nicht eher auf zu lästern, bis der Mann außer Sehweite war. Es ist erklärlich, daß auch die oberste Kirchenbehörde von den Versammlungen Notiz nahm. Pfarrer Sperber, der der Vorsitzende der Blaukreuz-Gemeinschaft war, wurde vor das Konsistorium gefordert und mußte unter Ablegung eines Eides fortlaufend über den Verlauf der Versammlungen berichten. Jeden zweiten Tag hatte der damalige Generalsuperintendent, Landesoberpfarrer *Dr. Möller*, vor

Kaiser *Wilhelm II.*, der gerade in dem Schloß Wilhelmshöhe weilte, über den Verlauf der Bewegung Vortrag zu halten.

In diesen Tagen hatte ich Gelegenheit, Einsicht zu nehmen in einen Brief des bekannten Predigers *Johannes Seitz* in Teichwolframsdorf an einen Kasseler Bruder, aus dem mir noch zwei Sätze deutlich in Erinnerung sind. Der eine lautete: »Die ganze Bewegung in Kassel ist vom Teufel.« Und der andere: »Bei uns in Teichwolframsdorf sind Gesichte und Offenbarungen so feil wie die Brombeeren, aber wir geben nichts darauf.«

Manche weitere mahnende Stimmen wurden laut, und Bruder Dallmeyer wurde von manchen Brüdern gewarnt, in der bisherigen Weise fortzufahren. Dieser war aber noch von der Göttlichkeit der Bewegung überzeugt und dachte nicht daran, die Versammlungen abzubrechen. Schließlich aber wurde die Polizeiverwaltung, der mit diesen Versammlungen eine große Aufgabe und Arbeit zugefallen war, bei Bruder Dallmeyer vorstellig und bat ihn dringend, doch die Versammlungen zu schließen. Bruder Dallmeyer gab dieser Bitte nach und gab bekannt, daß die Versammlungen die vier Wochen hindurch täglich stattgefunden hatten, ein Ende gefunden hätten.

Unbeschreibliches Ergebnis

Das Ergebnis dieser Bewegung war nicht zu beschreiben. Die Gemeinschaftskreise in Kassel waren derart in ihrem innersten Bestand erschüttert und durcheinandergeworfen, daß um ihren Fortbestand ganz ernstlich gebangt werden mußte. Schließlich zogen sich nach geraumer Zeit die einzelnen Gläubigen wieder in ihre eigenen Kreise zurück; aber welch ein klägliches Bild zeigte sich da! Die meisten Versammlungsbesucher und die Freunde der Gemeinschaftskreise fehlten. Nur die treuen Kinder Gottes fanden sich langsam und eingeschüchtert zusammen, zumal das Verwerfliche der ganzen Zungenbewegung bekannt geworden war. Was sollte diesen kleinen Überresten nun gesagt werden? Die Leiter der Gemeinschaftskreise standen in schwersten inneren Konflikten und sahen in vielen Dingen noch nicht klar durch. Die Gebete der Gläubigen stockten. Eine Bitte um Geisteskraft und Geistesleitung kam nicht über die Lippen der Gläubigen. Das Zeugnis der Gläubigen war fast vollkommen verstummt. Wo einer es wagte, der Welt gegenüber ein Wort von Jesus Christus zu sagen, da erntete er im Blick auf die stattgefundenen Versammlungen ungeheuren Spott und Hohn. Der bekannte Pfarrer *Sartorius* in Sterbfritz (später in Barmen) sagte damals von der Gemeinschaftsbewegung in Hessen, sie gleiche einem verhagelten Weizenfeld – und es war in der Tat so. Um bei dem Bilde zu bleiben, nur noch einzelne Ähren standen, und auch diese waren stark beschädigt.

Eine Anzahl der Gemeinschaftsleute aber hielt an der Echtheit der Bewegung und der Gaben fest und versammelte sich in einem besonderen Kreis, den sie »Pfingstgemeinde« nannten, und der sich in kleinen Resten bis auf den heutigen Tag erhalten hat.

Schon während der Versammlungen waren mir an einzelnen Erscheinungen starke Bedenken bezüglich der göttlichen Sendung der Bewegung gekommen und ich hatte dies auch anderen gegenüber ausgesprochen. Aber immerhin glaubte ich, es könnten dies nur einzelne, seelische Auswirkungen sein, während doch der Grund der Bewegung von Gott sei. Mit dem traurigen Schluß der Versammlungen aber mußte ich mir sagen, daß hier ein Betrug des Feindes vorliege, denn eine von Gott gewirkte, geistliche Bewegung könnte unmöglich solch traurige Resultate zeitigen. Das Volk Gottes war zerrissen und zerschlagen und jedes Zeugnis von dem Evangelium unwirksam gemacht.

Wie führende Männer frei wurden

Ich sehe es als eine besondere Gnade Gottes an, daß sich bei mir die Erkenntnis immer klarer durchsetzte, daß es sich in dieser Bewegung um einen ernsten Versuch des Satans handelte, das Volk Gottes in das Verderben zu stürzen, und daß ich mich deshalb von allem zu scheiden hätte, was ich aus dieser Bewegung angenommen hatte. Wohl hatte ich keine sogenannte »Geistestaufe« erlebt, aber ich stand doch bis dahin noch unter dem Einfluß eines Geistes, der mich nicht froh, sondern recht gedrückt machte. Trotz aller vermeintlichen Geistesleitung – und es war oft erstaunlich, wie dieser Geist leitete und auf Fragen antwortete! – lebte ich unter einem beständigen Druck, den ich mir nicht erklären konnte. Auf der Straße mußte ich mich öfters umsehen, weil ich glaubte, ich würde verfolgt. Das alles zeigte mir dann klar und eindeutig, daß dieser Geist nicht von Gott sein konnte. In dieser Meinung bestärkte mich auch Pfarrer Sperber, der sich unter dem Einfluß von Prediger Elias Schrenk, der das Dämonenhafte der Bewegung bald erkannt hatte, von der Bewegung losgesagt hatte. Ich besprach mich nun mit meiner gläubigen Mutter, bei der ich als Unverheirateter wohnte, und war nicht wenig erstaunt, als diese mir erklärte, sie sei im Blick auf die Begleiterscheinungen schon längere Zeit der Meinung, daß die Bewegung nicht von Gott sein könne. Wir knieten beide daraufhin nieder, um uns unter Beugung vor dem Herrn im Gebet gründlich von dieser Bewegung zu scheiden. Unter anderem sagte ich im Gebet wörtlich: »Herr, alles, was wir aus dieser Bewegung angenommen haben, das sei verflucht.« Kaum hatte ich dies Wort über die Lippen gebracht, da war es, als wenn jemand dicht neben uns große eiserne Ketten heftig zusammenschlüge. Meine Mutter erschrak derart, daß sie laut ausrief: »Was war das?« Ich antwortete darauf: »Es ist der Feind.« Mit dem Augenblick waren wir von dem uns so sehr belastenden Druck der Seele frei. Ich konnte wieder im Glauben freudig aufschauen zu meinem Herrn und ihm herzlich für die Gemeinschaft mit ihm und für seine Liebe danken. Von der Bewegung und allem, was ich angenommen hatte, war ich von diesem Augenblick ab vollkommen frei.

Anhang II

Wundererscheinungen und Endzeit

Das »Es-stehet-geschrieben« der Offenbarung Gottes ist mit der Entstehung des Neuen Testaments abgeschlossen. Es muß daher notgedrungen zu einer Verirrung des Menschen führen, wenn er dem Prozeß einer immer neuen Gottesoffenbarung beizuwohnen trachtet, sei es durch Zungenrede, Weissagung, Gesichtesehen oder durch eine sonstige attraktive Erscheinung der unsichtbaren Welt. Er begehrt damit Dinge, die zweckmäßigerweise und nach dem weisen Rat Gottes, den bibellosen oder doch noch sehr bibelarmen Entstehungsperioden des Alten und des Neuen Testamentes angehörten, die aber mit dem Abschluß der Geburtsepoche des Neuen Testamentes »aufhören« sollten (1. Kor. 13, 8).

Dies nachzuweisen hat sich der Verfasser des Hauptteils unserer Schrift, *W. G. Broadbent*, zur Aufgabe gemacht. Es ist ihm auch mit einer exegetisch sauberen Durchdringung der neutestamentlichen Gaben-Kapitel von 1. Korinther 12–14 hervorragend geschenkt worden.

Der I. Anhang hat uns mit drei Tatsachenberichten aus der Geschichte der Pfingstbewegung (die durch ungezählte gleichartige Erfahrungen ergänzt werden könnten!) bekannt gemacht. All diese Erfahrungen aus dem Bereich eines enthusiastischen Christentums, wie es uns dort begegnet ist, lassen eine bestimmte *gemeinsame Grundspur* erkennen. Sie sitzt tief in der Psyche (Seelenleben) des einzelnen Menschen, wie sie sich auch allgemein im Massenerleben kund gibt. *Es ist der Hang zum Erlebnis des Übernatürlichen – die Sucht nach Ekstase.* Auf diese

Grundspur soll, sowohl geschichtlich als auch in Lehre und Erfahrung, in diesem II. Anhang noch etwas eingegangen werden. Sobald wir sie vor allem in ihrer Gefährlichkeit erkennen, wird sie uns auch die Entstehung der »Pfingstbewegung« und deren Geschichte bis hin zur heutigen »Weltpfingstbewegung« verständlicher machen und eine Warnung sein.
Wir beschränken uns bei der Darstellung über Entstehung und Ausbreitung auf geschichtlich besonders instruktive Knotenpunkte der Bewegung.
Besonders aktuell wird sodann beim Hang zum Erlebnis des Übernatürlichen die brennende Frage nach dem Wunder im allgemeinen und nach der endzeitlichen Wundererwartung im besonderen. Im Augenblick möchten wir dazu vorweg das eine sagen: Es gibt eine durchaus legitime Erwartung des Wunderbaren, wenngleich auch nicht ohne eine ebenso legitime Grenze der Erwartung. Beides darf nicht übersehen werden.

Der falsche Hunger

Die Frage nach dem glaubengefährdenten »Hang zum Erlebnis übernatürlicher Vorgänge« wird letztlich immer zur Weichenstellung in ein schwarmgeistiges Christentum führen, das die Richtung der Wirklichkeit verlassen hat. Die Tatsachenberichte in Anhang I könnte man sich ohne diese Grundspur *einer unbiblischen Aktualitäts- und Wundersucht* gar nicht denken.
Pastor Dr. Walter *Michaelis,* der langjährige Vorsitzende des Gnadauer Verbandes, sagt in einem Gesprächsbeitrag zur Frage der Charismatas (Geistesgaben): »Die Frage der Charismatas dürfen wir nicht lösen wollen ohne die Person Jesu. Enthusiasmus aber finden wir bei Jesus nie. Da ist nicht die Spur einer Begeisterung. Welche Charis-

mata fehlen uns? (Gemeint ist in Gnadau F. H.) *Nur die ekstatischen.* Die andern nicht. *Hier liegt der Punkt!* Wir haben es hier mit einem *falschen Hunger* zu tun. ›Wenn ihr nicht Zeichen und Wunder seht, so glaubt ihr nicht.‹ Wenn einer in Zungen redet, das ist etwas Wunderbares! Das *Ekstatische* fällt in die Augen; aber der Glaube kommt aus der *Predigt!* Wir sind im Vorstand zu der Klarheit gekommen, daß es mit der Zugehörigkeit zum Gnadauer Verband unerträglich ist, zur Pfingstbewegung neutral zu stehen, oder gar in Arbeitsgemeinschaft.«*

Noch weit schärfer klingt die Verwerfung der gefährlichen Sucht nach Ekstase und außergewöhnlichen Erlebnissen – dieser Grundspur, die zur Schwarmgeistigkeit führt – wenn es in der sogenannten »Berliner Erklärung« heißt: »Wir sind nach ernster gemeinsamer Prüfung eines umfangreichen und zuverlässigen Materials vor dem Herrn zu folgendem Ergebnis gekommen: Die sogenannte Pfingstbewegung ist nicht von oben, sondern von unten; sie hat viele Erscheinungen mit dem Spiritismus gemein. Es wirken in ihr Dämonen, welche, vom Satan mit List geleitet, Lüge und Wahrheit vermengen, um die Kinder Gottes zu verführen.«

Es müßte uns auch noch in den Ohren gellen, wenn die Väter die Weichenstellung in die pfingstlerische Schwarmgeisterei so markant gesehen und die Dinge beim Namen genannt haben: »Wenn einer in Zungen redet, das ist etwas besonderes. Das Ekstatische fällt in die Augen.« »... wir haben es hier mit einem *falschen Hunger* zu tun.«

In dieser Grundspur ist fraglos auch die Voraussetzung zur Ausbreitung der Zungenbewegung und zu ihrer heutigen Entwicklung als Weltpfingstbewegung zu sehen.

* Aus Fritz Hubmer, Zungenreden, Weissagung – umkämpfte Geistesgaben (Gnadauer Verlag), Seite 135–136.

Der Leib Christi, soweit er in der Gemeinschaftsbewegung eine seiner Formierungen gefunden hatte, leidet noch heute unter den Amputationen, die damals wie heute aus dem Drängen dieses »falschen Hungers« entstehen mußten und müssen.

Die Grundspur in der Entwicklung zur »Weltpfingstbewegung« heute.

Der Anfang dieser Grundspur, wie sie zur Pfingstbewegung wurde, scheint auf den 1. Januar 1901 zurückzugehen.

Von Parham über Los Angeles nach Kassel

Der Heilungsprediger *F. Parham* in Topeka im Staate Kansas (USA) hatte bei seinem Auftreten als Kennzeichen der Ganzheit des Christseins den sogenannten »zweiten Segen« oder die »Geistestaufe« gelehrt. Er und seine Anhänger glaubten, daß das sichtbare und absolut sichere Kennzeichen für diesen »zweiten Segen« das »Reden in Zungen« sei. In einer kleinen Bibelschule Parhams erhob sich demgemäß ein Ringen um diese Art der »Geistes-Erfahrung«. Die Weiche war gestellt. Am 1. Januar 1901 redete die erste Schülerin der Bibelschule Parhams in Zungen. Die Erfahrung breitete sich aus. Alle Teilnehmerinnen, einschließlich Parhams selber, fingen an, *auch* in Zungen zu reden. Im »Materialdienst« (74/1) wird das damalige Geschehen in Parhams Bibelschule zwar ein »exzentrisches und verschrobenes Experiment« genannt. Zugleich aber wird der dortige Aufbruch der pfingstlerischen Geisteserfahrung als »maßgebend für die weitere Geschichte der Kirche« bezeichnet.
Die ekstatische Gemeinde war geboren. Sie bekundete sich

nicht nur im Zungenreden, sondern auch in besonderen Gebetsheilungen. In Amerika vollzog sich nun eine schnelle Ausbreitung. Im Jahre 1906 macht durch eine besonders starke Aktivität die Bewegung in *Los Angeles* von sich reden. »In keiner zweiten Stadt der Erde«, so heißt es in einem Bericht*, »sollen Theosophie, Mystizismus, Spiritismus, Zauberei, Hellseherei, Schwarzkunst, Okkultismus mit allem Spuk, Dämonismus und sittliche Entartung so aufgespeichert sein, wie dort«.

Los Angeles, der Ort, an dem diese neuartige Bewegung unter den Negern ausbrach, wird – wie sich aus weiteren geschichtlichen Quellen, vor allem aus der Literatur der Gemeinschaftsbewegung ergibt – zum eigentlichen Ausgangspunkt für den Einbruch der Zungenbewegung in Europa gerechnet. Wie diese Strömung sodann von Los Angeles im Jahr darauf (1907) über Norwegen nach Deutschland kam, wissen wir bereits aus dem anschaulichen Bericht von Otto Kaiser im Anhang I.

Auch im mitteleuropäischen Raum sind es nun dieselben Anknüpfungserscheinungen wie in USA, die der Schwarmgeisterei Eingang verschaffen – *die Grundspur*, die Dr. Michaelis den »falschen Hunger« nennt.

1. Das Verlangen des erlebnissüchtigen Menschen, »etwas von der Wirksamkeit Gottes und seines Geistes unmittelbar zu verspüren« und

2. »Die Anziehungskraft einer Gemeinschaft zu bekommen, die durch solche Wirkungen über das menschlich sichtbare Maß hinausgehoben ist.«

* »Flugfeuer fremden Geistes«, Seite 8 (Gnadauer Verlag).

Wachstum in die Breite

Durch das Erlebnis, das in den sich bildenden Pfingstgruppen sichtbar geworden ist, steigerte sich ein auch von außen her geradezu stürmisches Verlangen nach »starken Erlebnissen der unmittelbaren Gegenwart Gottes«, wie man sie im Zungenreden, Heilungswundern und sonstigen attraktiven Erscheinungen zu besitzen glaubte. Während nun das Wachstum der Pfingstrichtung in Deutschland – wohl mitverursacht durch die Vorgänge um die »Berliner Erklärung« – sich in mäßigen Grenzen hielt, breitete sie sich in einem Neuaufbruch der sechziger Jahre, vor allem in den USA, ungewönlich rasch aus. Von hier aus wurde dafür die Bezeichnung »Weltpfingstbewegung« aufgebracht.

Zu dieser starken Ausbreitung trug auch eine einflußreiche, pfingstlerische Laiengruppe bei, die sich bereits in den fünfziger Jahren organisiert hatte. Sie gab sich den Namen: »Full Gospel Business Men's Fellowship international« zu deutsch: »International vereinigte Geschäftsleute des vollen Evangeliums«. Von dieser Gruppe ist bekannt, daß sie sich als eine Art »Stoßtrupp« der neupfingstlerischen Bewegung versteht. Prof. *Hollenweger*, einstiger Pfingstprediger und heute bekannter Vertreter der ökumenischen Bewegung im Genfer »Weltkirchenrat«, hat in seinem Buch »Enthusiastisches Christentum« von dieser Gruppe geschrieben. Er schreibt dort u. a., daß sie sich zum Ziel gesetzt habe, »die Botschaft von der Geistestaufe und der Krankenheilung im Sinne der pfingstlerischen Heilungsevangelisten, *in nichtpfingstlerische Kreise zu tragen*«. Sie hat ihre Netze auch im deutschen Sprachraum ausgespannt.

Auffangstellen

Der neupfingstlerische Einbruch strömt jedoch aus mehreren Quellen zugleich. Im Ausland sind die Grenzen der verschiedenen Denominationen für diesen Zustrom längst gesprengt. Anglikaner, Lutheraner, Presbyterianer und andere sind von der Strömung erfaßt und vereinigen sich auf dem Boden neuer Offenbarungsgaben.

Wie schon angedeutet, konnte man in Deutschland bislang, soweit dies die kirchliche Öffentlichkeit betrifft, von merklichen Erfolgen des Einbruchs der sogenannten charismatischen Bewegungen nicht viel wahrnehmen. Die Hauptauffangstellen im deutschsprachigen Raum, in denen die neucharismatischen Erscheinungen am ehesten Fuß fassen konnten, sind eine Reihe christlicher Kommunen, die nach dem zweiten Weltkrieg entstanden waren. Es handelt sich in diesen Kommunen in der Mehrzahl um Gemeinschaftsbildungen eines mönchischen Ideals, sowohl in Schwesternvereinigungen als auch in Bruderschaften. Doch übt man dort das Zungenreden und andere enthusiastische Sonderheiten meist nicht öffentlich, sondern in der Klausur, das heißt ohne Beisein von Fremden. Nach außen bewahrt man Stillschweigen aus der Sorge, man könnte des pfingstlerischen Schwärmertums bezichtigt werden.

Im Gegensatz dazu, wissen wir aus den sechziger Jahren auch von einer Periode hochgehender Begeisterungswellen des herkömmlichen Pfingstlertums, das sich in den lautstarken Äußerungen gewisser Heilungsevangelisten und etwas später in den pfingstlerischen Zweigen einer heute bereits abgeebbten »Jesus-People-Bewegung«, in Jesus-Festivalen mit lärmender Popmusik, öffentlichen Massentaufen und dergleichen, kundgegeben hat. Doch lassen sich in mehr kirchlich ausgerichteten Kreisen, vor allem in den Zungen-Kreisen um Pfarrer A. *Bittlinger,* auch wiederum mehr *ruhige* Darstellungen der Ekstase feststellen. So schreibt Pfarrer Bittlinger, der auf Einladung des Lu-

therischen Weltbundes in den Vereinigten Staaten den Neueinbruch des Pfingstlertums im dortigen Luthertum kennen lernte und es dann nach Deutschland mitbrachte. Er schreibt, daß dort die neucharismatische Bewegung zumeist einen recht stillen Charakter habe. Die sogenannten »Geistesgaben« werden zwar »in einer auffallenden Vielfalt der Erscheinungen praktiziert, aber zugleich in großer Disziplin und Ordnung«. Die sonst in pfingstlerischen Versammlungen üblichen schwärmerischen Elemente, wie Zwischenrufe, Seufzen und dergleichen scheinen dort – nach Bittlingers Darstellung – zu fehlen. Er vermerkt dazu, daß es sich bei dieser Darstellung einer mehr stillen Anwendung der dortigen »Charismatas« vor allem um sogenannte Gebetsgottesdienste handele.
Aus solchen »Gebetsgottesdiensten« wird auch von einem *Gebetssingen* gesprochen, wie es ein anderer Beobachter erlebte. »Jeder singt seine Anmutungen und Bitten verhalten vor sich hin«, schreibt er.*

Katholische Pfingstbewegung
Mehr als nur interessant ist, wie gegen Ende der sechziger Jahre der Funke der sogenannten neu-charismatischen Bewegung auch auf den katholischen Raum übersprang. Ende des Jahres 1967 wird (nach einer Schätzung) von 1000 katholischen Priestern gesprochen, die von der Bewegung erfaßt waren.
Im katholischen Bereich soll die Bewegung sogar besonders kraftvoll sein. Auch für sie ist kennzeichnend, daß sie ihren Anfang in den USA genommen hat.

* Zwar kann uns im Blick auf den »führenden Geist« der Bewegung eine solche Einschränkung nicht beruhigen. Man erinnere sich an den Bericht von Otto Kaiser vom Aufbruch der »Kasseler Zungenbewegung« um die Jahrhundertwende (Seite 123). Auch dort war diese Erscheinung einer auffallenden Feierlichkeit und Stille zunächst vorherrschend.

Wie ging das zu?
Einem Bericht im evangelisch-kirchlichen »Materialdienst« (74/1) entnehmen wir folgende Einzelheiten:
Vor einigen Jahren (1966) begannen einige Theologie-Professoren und Dozenten an der katholischen Duquesne-Universität in Pittsburg (Pennsylvanien) »intensiv über ihr eigenes Glaubensleben nachzudenken«. Sie entdeckten in ihrem Leben den Mangel *»einer bestimmten inneren Dynamik«*. (Kursiv von mir F. H.) Besonders beeindruckt hatten sie dabei Bücher pfingstlerischer Herkunft, darunter das Buch *David Wilkersons,* Das Kreuz und die Messerhelden. Ein Jahr später lernten die genannten Theologen einen Gebetskreis evangelischer Menschen kennen, dem auch Katholiken angehörten. Sie baten, man möge mit ihnen um den Geist beten und ihnen die Hände auflegen.
Die Folge war, daß drei der Professoren die »Geistestaufe« empfingen. Sie begannen in Zungen zu reden. So nachzulesen in einem Artikel der Zeitschrift »Stimmen der Zeit« (73/10), den der *Jesuit, Bernhard Grom,* verfaßt hat. Bald war ein Kreis von 30 Personen entstanden, die alle ähnliche Erfahrungen gemacht hatten. Dieser Kreis wird als Urzelle für die katholische Pfingstbewegung angesehen. In Amerika lautet ihre offizielle Bezeichnung »Charismatic Reneval in the catholic Church« zu deutsch »Charismatische Erneuerung in der katholischen Kirche«. 1973 zählte man auf einer »internationalen Konferenz« dieser Organisation bereits 23 000 Teilnehmer, darunter über 600 Priester, 8 Bischöfe und als Gast den Primas von Belgien, Kardinal *Suenens.**

* Von *Kardinal Suenens* werden unterdessen interessante Dinge mitgeteilt. Das eine, daß er in South Bend (US-Staat Indiana) bei einer »internationalen Konferenz für charismatische Erneuerung« vor über 25 000 Zuhörern seiner Überzeugung Ausdruck gab, Maria, die

Auch die Anhänger der katholischen Pfingstbewegung wollten sich von Anfang an durch ihren meist klerikalen, mehr ruhigen Stil unterschieden wissen von der »klassischen Pfingstbewegung«. Dennoch kam es – und zwar diesmal bezeichnenderweise in Deutschland – zu einer ökumenischen Verbindung mit ihr.

Mutter des Herrn, sei die »erste charismatische Christin« gewesen und daher »das Herz der charismatischen Kirche«. Er forderte (laut Bericht idea 28/74) die Charismatiker auf, sie sollten sich »mit Maria und Petrus vereinigen«. Die charismatische Bewegung werde dann Fortschritte machen, wenn sie sich mit der Gottesmutter und der sichtbaren Kirche vereinige.
Wie »ermutigend« mag diese Aufforderung von Leo Kardinal Suenens für die nichtkatholischen Angehörigen der charismatischen Bewegung geklungen haben!
Doch gehen die Überraschungen noch weiter: Im »Materialdienst« 22/74 wird von einer »Konferenz der Weltreligionen« berichtet, die vom 28. 8. bis 3. 9. 74 in Löwen (Belgien) stattgefunden hat. Es war bereits die zweite Konferenz dieser Art. Der derzeitige Generalsekretär der UNO, Kurt Waldheim, hatte bereits die erste »Konferenz der Weltreligionen für den Frieden« ein »sehr erfolgreiches und epochemachendes« Ereignis genannt. In der zweiten Konferenz wurde von den rund 400 Delegierten eine »Löwener Erklärung« verabschiedet, die mit folgenden Worten beginnt:
»Buddhisten, Christen, Hindus, Jains, Juden, Konfuzianer, Muslim, Shintoisten, Siks, Anhänger von Zoroaster und noch andere Religionen – wir alle versuchten hier auf die *Stimme des Geistes* in unseren verschiedenen und ehrwürdigen Traditionen zu hören.« Im weiteren Verlauf dieser »Erklärung« heißt es sodann: »Wir weigern uns, die Zukunft des Lebens unserer Trennung in viele Religionen und geistige Traditionen aufzuopfern.«
Der Islam sowohl als der Hinduismus, der Buddhismus und andere Religionen – so wird weiter berichtet – waren durch Persönlichkeiten vertreten, die in ihren Glaubensgemeinschaften in hohem Ansehen stehen und deren Einfluß beträchtlich ist. Auch der europäische und der amerikanische Protestantismus waren vertreten. Besonders auffallend aber sei der starke Einsatz der katholischen Kirche gewesen. *Als Gastgeber des ganzen aber fungierte der Primas von Belgien, Kardinal Leo Joseph Suenens.* Die Schlußversammlung wurde in der katholischen St. Peters-Kathedrale von Löwen abgehalten. Dort kamen die verschiedensten Vertreter der großen Religionen zu Wort.
Zwei Abgesandte des eben eröffneten Konzils der Jugend in Taizé überbrachten Grüße.
Der »Materialdienst« bemerkt dazu »Hier ergeben sich jedenfalls Entwicklungen, die aufhorchen lassen.«

Natürlich interessierte sich auch der Vatikan in Rom für dieses jüngste Kind seiner Kinder. Es kam, angeregt durch den Papst, im Jahre 1972 zu einem »internationalen Dialog« über das »Phänomen« dieser neupfingstlerischen Aufbrüche auf Weltebene, die nun auch die Türe in den katholischen Raum gefunden hatten.

Ein vom Vatikan angeregter, internationaler Dialog
Das erste Gespräch fand im Juni 1972 in Zürich-Horgen statt. Die internationalen Gesprächspartner waren auf katholischer Seite das *Sekretariat für die Einheit der Christen* in Rom. Die evangelische Seite war vertreten von zwei Männern. Der eine war *Pfarrer Bittlinger,* der ja zuvor aus Amerika das »Zungenreden« mitgebracht hatte und zum Inspirator des schon erwähnten Aufbruchs in einigen Kristallisationspunkten im deutschen Protestantismus wurde. Die griechisch-katholische Orthodoxie hatte ihren Vertreter in *Athanasius Emmert.* Und plötzlich waren nun, außer dem Vertreter der anglikanischen Bewegung, *Michael Harper,* auch die Leute aus der »klassischen Pfingstbewegung« dabei, von denen sich bisher die klerikalen Charismatiker des Katholizismus distanziert hatten. Ihre Sprecher waren, laut »Materialdienst«, der Präsident der »Apostolischen Glaubensmission in Südafrika« *Dr. F. Möller* und der langjährige Generalsekretär der »Weltpfingstkonferenz« *Dr. David J. Du Plessis.* Der frühere Pfingstprediger und jetzige Prof. Hollenweger, der im ökumenischen »Weltrat der Kirchen« eine nicht unbedeutende Rolle spielt, schreibt von letzterem, daß er schon in früheren Jahren viel dazu beigetragen habe, »Leben und Glauben der Pfingstler den traditionellen Kirchen nahe zu bringen«.

›Prophetische Offenbarungs-Gabe‹ im Genfer Weltkirchenrat (Ökumene)?

Im Juni 1974 reiste eine württembergische Kommission nach Genf, um dort mit Vertretern des ökumenischen Weltkirchenrates (ÖRK) ein mehrtägiges Gespräch zu führen. Die Kommission bestand aus führenden Mitgliedern der württembergischen Landessynode und einigen Vertretern des Stuttgarter Oberkirchenrates.

Ein ausführliches Dokument mit einer Reihe Einzelfragen, die den *theologischen Kurs* des ÖRK betrafen, war nach Genf vorausgeschickt worden. Um diese Fragen ging die Diskussion.

Einer der Teilnehmer verfaßte nach seiner Rückkehr einen vorläufigen Bericht über den Gang des Gesprächs. Er unterscheidet darin zwischen »vorläufigen Antworten«, die die Genfer Ökumene-Zentrale auf einzelne Fragen der Kommission gab und »verbliebene Fragen«. Zu letzteren gehört die Frage, womit denn die Ökumene jene *neuen Aussagen* begründen will, die seit langem den heftigsten Widerspruch bibeltreuer Kreise hervorrufen.

Im Bericht heißt es dazu:

»Auffallend oft wurde von »Prophetie« gesprochen: der ÖRK habe ein »prophetisches Amt«. Und zwar wurde dieses Wort immer wieder dann gebraucht, wenn bestimmte Aktionen des ÖRK nicht neutestamentlich zu rechtfertigen waren. So z. B. die Politisierung des Auftrags der Kirche, ihre »Präsenz« in den revolutionären Befreiungsbewegungen Südamerikas und die Pflicht des ÖRK, in besonderem Maß für die Welteinheit zu wirken. Dieses Verständnis von Prophetie, die nach allen Seiten offen ist und sich auch von der Schrift unabhängig bewegt, öffnet der Willkür Tür und Tor. Es ist meine Frage, ob sich hier nicht u. a. der *Einfluß der Pfingstkirchen im ÖRK* auswirkt ... Gerade dort hat nicht selten die »Prophetie« den Charakter der neuen Offenbarungen.« Soweit der Bericht jenes synodalen Gesprächsteilnehmers.

Dem Schriftleiter eines kirchlichen Wochenblattes (Stuttgarter Evangelisches Sonntagsblatt 30/74) fiel unter den »verbliebenen Fragen« dieselbe Sache auf. Er schreibt darüber:

»*Dr. Potter* (derzeitiger Generalsekretär der Ökumene F. H.) sagte, daß ihm alles daran liege, ›die Verbindung von vertikal zu horizontal zu bewahren‹. Doch wandte er sich auch gegen die ›europäische Vorstellung, alles müsse in bestimmten dogmatischen Systemen drinstehen ...‹ (Anders gesagt: Alles müsse an der biblischen Lehre gemessen werden. F. H.) *Prof. Dr. Weber*, der Genfer Beauftragte für biblische Studien, fügte hinzu, daß man in jeder Situation fragen müsse: Was sagt der ›Geist‹ den Kirchen? *Eben darum sei Bangkok bewußt einseitig gewesen ...*« (Kursiv von mir F. H.)

Der Berichterstatter fährt fort: »Genau an dieser Stelle lauern, wenn nicht alles täuscht, ernsthafte Gefahren. Einmal: Wird bei dieser starken Betonung der jeweiligen Situation nicht die Autorität der Schrift beschnitten? Zweitens: Woher weiß man im Einzelfall was der ›Geist‹ sagt?« Soweit der Auszug aus dem »Stuttgarter Sonntagsblatt«.

Auch hier bedarf es unseres Erachtens keines Kommentars.

Ist das alles nicht ein erschütterndes Beispiel dafür, wohin die Fahrt einer falschen Pneumatologie (Lehre vom Heiligen Geist) geht, wenn sie erst einmal ins Großformat eines »Weltkirchenrates« übernommen und völlig liberal verwirklicht wird? Letzte Schuld daran trägt die widerbiblische Lehre, daß die Offenbarungsgaben der Urgemeinde (Prophetie, Zungenreden und wunderbare Erkenntnis, die nach 1. Kor. 13, 8 aufhören sollten!) noch

»unverzichtbar« weiterbestehen und sogar für die Endzeit eine neue Bedeutung bekommen werden! Diese Lehre könnte ja dem theologischen Modernismus gar nicht willkommener sein, als so wie sie vom ÖRK über seine ihm einverleibten Pfingstkirchen übernommen worden ist. Denn daß zwischen diesen Pfingstkirchen und dem ÖRK in dieser Sache ein Zusammenhang besteht, wie der obige Berichterstatter vermutet, ist kaum zu bezweifeln. Ökumenischer *Weltkirchenrat*, *Weltpfingstbewegung* und charismatischer Aufbruch im *Weltkatholizismus* begegnen sich, trotz aller kirchengeschichtlichen Gegensätze, auf der Plattform einer falsch-prophetischen Pneumatologie. Was wird das Ende sein und wer wird die Verantwortung dafür zu tragen haben?

Schloß Craheim

In Deutschland fand die »charismatische Ökumene«, wie sie sich aus den geschilderten Erscheinungen ergibt, ihren Sitz im »ökumenischen Lebenszentrum für die Einheit der Christen« in Schloß Craheim bei Würzburg. Darüber lesen wir im »Materialdienst«: »Es steht für Begegnungen und Tagungen zur Verfügung. Es ist geplant, die dritte Gesprächsrunde mit dem Vatikan (siehe oben!) hier durchzuführen. Damit ist Craheim jedoch nicht als ein Führungs- und Organisationszentrum der Charismatiker zu verstehen. Die Bewegung ist nicht an Craheim gebunden.« Craheim, so meint der Bericht, ist »genau genommen weder ein Ort noch eine besondere Gemeinde, sondern ein Prozeß«. Man kann heute vier Funktionen erkennen, die Craheim ausübt: 1. als charismatisches Kommunikationszentrum. 2. als Ort der Begegnung und Intensivierung christlichen Lebens. (So plant die kleine methodistische »Jesu-Weg-Schwesternschaft« ein Seelsorgeheim auf dem Craheimer Schloßberg). 3. ist Craheim eine

Stätte der Einkehr und Besinnung, stark geprägt von der Gestalt des schweizerischen Franziskanerpaters *Eugen Mederlet,* der im »Haus der Stille« Exerzitien, Meditationswochen und stille Tage durchführt. Und schließlich ist Craheim 4. ein Tagungsort mit breit gefächertem Angebot (bis hin zu seinen früher angezeigten Tanzveranstaltungen F. H.). Ein Großteil der Tagungen wird unter der Bezeichnung »Akademie Schloß Craheim« durchgeführt. Dieser Teil wird von A. Bittlinger geleitet.

Craheim – Bangkok im gruppendynamischen Experiment

Zu dieser *einen* Auskunft muß noch ein weiteres bedacht werden. Schloß Craheim ist, trotz seiner organisatorischen Selbständigkeit, insofern auch ein echtes Kind der »Genfer« Ökumene, als es sich in seinen Tagungen schon *vor* Bangkok des Stils der dortigen 8. ökumenischen Weltmissionskonferenz 1973 bediente. Nur daß Bangkok diesen Stil noch deutlicher herausgestellt hat. Und was ist das für ein Stil? Kurz gesagt, eine neuartige Arbeitsmethode der weltanschaulichen Durchdringung des Menschen und seiner – wo nötig – angestrebten Meinungsveränderung. Man nannte in Bangkok diesen neuartigen Tagungsstil ein »gruppendynamisches Experiment«. Als solches war es dort von Anfang an geplant. Die mehr als 300 Teilnehmer von Bangkok waren in einzelne Gruppen aufgeteilt. »In diesen einzelnen Gruppen«, so schreibt Kirchenpräsident Manuel J. Gaxiola – ein Teilnehmer aus Mexiko, »waren ein paar Leute, die deutlich darnach trachteten, das durchzusetzen, was die Hauptbeschäftigung des ÖRK (Ökumenischer Rat der Kirchen) zu sein scheint . . . nämlich die Kirche in sozialen, politischen und wirtschaftlichen Fragen zu engagieren, die doch nur zweitrangig sein können . . .«

Es ist hier nicht der Platz, eine ausführliche Darstellung dieser teilweise in USA und teils in England ausgeklügelten, neuen Arbeitsweise zu geben. Sie war zunächst als Gruppentherapie für psychisch Kranke gedacht. Wer das Gefährliche dieses »Experimentes« auf dem *religiösen* Sektor genauer erfahren will, greift am besten nach dem aufschlußreichen Telos-Buch »Bangkok '73 – Anfang oder Ende der Weltmission?« von *Prof. Dr. Peter Beyerhaus* (erschienen im Verlag der Liebenzeller Mission). Wir beschränken uns hier auf zwei Hinweise des Verfassers. Sie zeigen das Wesentliche an, wie nach dieser Methode gearbeitet wird.

Auf Seite 44 seines Buches sagt Peter Beyerhaus: »Bei einem solchen Experiment geht es darum, in einer ganz verschieden zusammengesetzten Gruppe einen psychologischen Prozeß auszulösen, in dem alle Teilnehmer trotz anfänglichem Widerstreben schließlich zu einer inneren Gemeinschaft im Fühlen, Denken und Wollen geführt werden.« Soweit der erste Hinweis.

Nun denke man an die zwei Etappen der *Zielsetzungen* des Genfer Weltkirchenrates. In der ersten Etappe sollen alle christlichen Denominationen unter Hintanstellung alles Trennenden, zu einer großen Weltkirchen-Ökumene vereint werden. Die zweite Etappe – das Fernziel – ist, diese Ökumene zu erweitern und alle Religionen der Welt mit in diese Einheit einzubeziehen. Im Buddhismus, Konfuzianismus, im Islam, im Hinduismus bis hin zu den hunderten von früheren Stammesreligionen Afrikas soll mit Hilfe solcher Methoden, das noch Gemeinsame herausgestellt und in ein Kollektivbewußtsein eingestimmt werden, in der auch der Atheismus noch seinen Platz haben kann. Ein führender Vertreter dieser Richtung, Dr. Stanley J. Samartha, hat dazu in Bangkok gesagt, daß das Problem des Dialogs darin bestehe, »sensibel zu werden *für das Werk des Heiligen Geistes in der ganzen Welt* und zwar nicht nur innerhalb der Religionen, sondern auch innerhalb der weltlichen Glaubensrichtungen und Ideologien (Weltanschauungen)«.

Dieser Satz beleuchtet blitzartig den zweiten Hinweis von Prof. Dr. Beyerhaus, wenn er auf Seite 44 seines Buches fortfährt: »In dieser erklärten *Gleichsetzung* zwischen einem methodisch inszenierten sozialpsychologischen *Experiment und dem Eingreifen des Heiligen Geistes* liegt der eigentliche Schlüssel zum Verständnis des Verlaufs der Bangkok-Konferenz.«*

Weiter sagt Prof. Beyerhaus: »Wer die einzelnen Bestandteile des Programms, das Verhalten der Veranstalter, die Reaktion der Teilnehmer und die schließlichen Ergebnisse recht begreifen will, muß sich *sowohl mit der Erscheinungsweise der Pfingstbewegung,* wie mit dem nach dem Zweiten Weltkrieg in Amerika zum Teil in England entwickelten *Gebiet der Gruppendynamik* beschäftigen.«

Auch in Schloß Craheim ist man davon überzeugt, daß sich der Heilige Geist und seine Charismatas (Offenbarungsgaben) mit dieser Gruppendynamik und ihren Methoden verbindet. Das dort erstrebte und auch betätigte Zungenreden und die Ergebnisse der Meditation scheinen vielen die Richtigkeit dieser Überzeugung zu bestätigen. Die Wirklichkeit aber dürfte, was den verschleierten Hintergrund und seine letzten Ergebnisse betrifft, im diametralen Gegensatz dazu stehen.

*

Im Anschluß an unsere vorliegende Analyse alter und neuer Pfingstkreise und im Blick auf unsere kritischen

* Dazu sei noch einmal an die Erklärung von Prof. Dr. Weber (Genf) erinnert im vorigen Abschnitt (S. 154), daß »eben darum Bangkok bewußt einseitig gewesen sei«, weil in der Kirche die prophetische Gabe sei und die Kirche in jeder Situation zu fragen habe, was der »Geist« den Kirchen sage.

Anmerkungen dazu, stellen wir abschließend eine Frage. Sie verbindet sich mit der eingangs unseres Anhang II festgestellten *Grundspur*, wie wir sie in allen Bewegungen vorfinden, in denen ekstatische Wunder praktiziert werden – Hörwunder und Schauwunder – vermeintliche oder nachweisbar echte.
Unsere Frage ist die brennende Frage nach dem *Wunder überhaupt* und nach *endzeitlichen Offenbarungswundern im besonderen.*

Die brennende Frage nach dem Wunder

Wir fragen natürlich nicht, ob es den Bereich des Wunderbaren überhaupt gibt, ob also Wunder wirklich geschehen können. *Jean Jacque Rousseau,* der gottferne, literarische Schrittmacher der Französischen Revolution sagte einmal: »Wer vorgibt an Gott zu glauben und die Möglichkeit des Wunders leugnet, ist reif fürs Irrenhaus.«
Wunder geschehen. Und immer, wenn sie als echte Wunder in Erscheinung treten, sind sie in Bewegung gesetzt von den Kräften einer unsichtbaren Welt. Darum gerade üben sie eine entsprechende Anziehungskraft auf den Menschen aus. Auch der bibelgläubige Mensch, und er vielleicht im besonderen, spürt die geheime Macht, die dem Wunder innewohnt.

Wo kommen Wunder her?
Es ist außer Zweifel: Gott kann dem Glauben Seine Wunder schenken. Er hat es je und je getan und tut es noch immer. Aber Wunder können aus verschiedenen Quellen stammen. Sie sind mehrdeutig.
In der biblischen Schau der Dinge gibt es Wunder, die von Gott stammen und solche, die eine dunkle Herkunft haben. Es gibt nicht nur eine unsichtbare Welt des *Lichts,*

sondern auch der *Finsternis.* Aus beiden Bereichen können Wunder geschehen. Weil das so ist, warnt die Heilige Schrift den Glauben, daß er sich nicht auf jede Wundererscheinung verpflichten läßt und daß er beim eigenen Begehren von Wunderkräften vorsichtig ist. Er darf, nach Lage der Dinge, ja nicht aufdringlich werden in seinem Verlangen nach dem Außerordentlichen. Je näher die Geschichte dem biblisch geweissagten Ende unseres Zeitalters kommt, um so aktueller wird die Frage nach der *Herkunft* auffallender Wundermächte. Christliche Sektenbildungen aller Art, suchen sich heute zahlreicher denn je auszubreiten. Zu ihren Werbemethoden gehört nicht selten der Hinweis, daß in ihren Reihen Wunder geschehen. Sie erwarten, daß darin eine göttliche Legitimation, eine Bestätigung der Echtheit auch ihrer Lehrbesonderheiten gesehen und anerkannt werde.

Schmerzlich erfahrene Wunder »von unten«

Als um die Jahrhundertwende aus jenen Negergemeinden in Los Angeles die Pfingstbewegung ihren Weg nach Mitteleuropa nahm, traten sogenannte charismatische Gaben in auffallender Häufung in Erscheinung. Wir haben darüber im Anhang I unseres Buches den Augenzeugenbericht von Otto Kaiser wiedergegeben. Es kam dabei, so in Kassel wie auch bei parallelen Aufbrüchen in Schlesien und anderswo, zu solch ungeheuerlichen Demaskierungen der treibenden Kräfte des »Wunderbaren«, daß die Väter der Deutschen Allianz nach längerem Zusehen und Prüfen sich zur »Berliner Erklärung« entschließen mußten und die ganzen Wundergeschehnisse, ihrer Herkunft nach, als »von unten« bezeichnet haben. »Der Geist in dieser Bewegung bringt geistige und körperliche Machtwirkungen hervor; dennoch ist es ein falscher Geist«, sagten sie in ihrer Erklärung. In einem dazugehörenden Bericht heißt

es: »Führer der damaligen Bewegung bekannten – nachdem sie sich unter schweren Kämpfen von der Bewegung gelöst hatten – öffentlich, daß die ersten Trägerinnen des »Zungengeistes«, die beiden Norwegerinnen, die die Bewegung nach Deutschland gebracht hatten (s. S. 125), von einem Schwindel- und Lügengeist inspiriert waren.«
Immer deutlicher entpuppten sich die »höllischen Mächte« hinter den Sprachwundern, den Weissagungen, den Visionen und Heilungserfahrungen.
Die Leitung der jährlichen »Blankenburger Allianz-Konferenz« nahm in aller Entschiedenheit den Kampf auf. Weder durfte auf den Konferenzen in Zungen geredet, noch für die Bewegung Propaganda gemacht werden.

Gerichtsandrohungen pfingstlerischer Menschen gegen die Abwehr.

Der Gegenstoß entlarvter Wundergeister »von unten« bleibt nie aus – heute nicht und auch damals nicht.
Es ist hier nicht der Raum, den Gegenstoß aus dem Kampf um das damalige Offenbarungswunder zu schildern, nachdem das radikale Nein der Väter ausgesprochen war. Im »Gnadauer Archiv« liegt eine ganze Literatur darüber vor. Von den in der alten Pfingstbewegung verbliebenen Führern und vor allem ihren »Prophetinnen« kam eine Gerichtsbotschaft um die andere gegen die Standhaftigkeit der Abwehr.*
Beliebt war und ist eine Gerichtsandrohung besonderer Art, der wir aus grundsätzlichen Erwägungen zum Thema des II. Anhangs noch nachzugehen haben. Sie wurde und wird noch heute den prüfenden Wächtern und standfesten Gegnern entgegengeschleudert.

* Man lese etwa nur in der im Gnadauer Verlag erschienenen Schrift »Flugfeuer fremden Geistes« auf Seite 16 ff. nach, was dort zu dieser Sache berichtet wird!

Ein Beispiel möge erläutern, was wir meinen.
Mit Ende des zweiten Weltkrieges wurde in Westdeutschland eine evangelische Schwesternkommune gegründet, die nach Kultus und Frömmigkeitsstil viel Ähnlichkeit mit einem katholischen Ordensverband hat. Im übrigen kennzeichnet sie eine weitherzige Allianz bis hin nach Rom. Sie erklärt sich aber auch dem Pietismus nahe und zeigt sich andererseits gewissen Aufbrüchen neuer Pfingstbewegungen sehr aufgeschlossen, z. B. David Wilkerson. Die Leitung liegt in den Händen einer Frau.
Vor einer Reihe von Jahren kam es zwischen der Leitung der Schwesternschaft und einer Anzahl Theologen des Deutschen Pastoren-Gebetsbundes zu einem Gespräch, in dessen Verlauf die »Berliner Erklärung« erwähnt wurde.
Nach ihrem Urteil gefragt, erklärte die Vertreterin der Schwesternschaft, daß nach ihrer Überzeugung die »Berliner Erklärung« sich *in gefährlicher Nähe der Sünde (Lästerung) wider den Heiligen Geist befinde.*
Diese Gerichtsandrohung ist, was wir meinen. Sie mag wohl das schwerste Geschütz sein, mit dem die Warner vor dem Schwärmertum aus dem Feld geschlagen werden sollen. Schon die Ehrfurcht vor einem solchen Schriftwort über »die Sünde, die nicht vergeben werden kann« wird ängstliche Gemüter einschüchtern, wenn Vertreter und Befürworter der »Pfingstbewegung« sich dieser Drohung bedienen. Wie biblisch abseitig und schuldhaft gefährlich diese Drohung im Munde »pfingstlerischer« Menschen jedoch ist, soll im folgenden Abschnitt nachgewiesen werden. Es müßte vor allem deutlich werden, daß diese mißbrauchte Drohung, dort wo es um die Abwehr schwarmgeistiger Praktiken geht, eine gefährliche Waffe ist, für den, der sie gebraucht.

Die Sünde wider den Heiligen Geist – was sie ist und was sie nicht ist.

Wir fragen zunächst: Was ist unter dieser Sünde, die nicht vergeben werden kann, überhaupt zu verstehen, und warum kann sie nur dort begangen werden, wo Jesu *eigene* Wunder, die Er in Seinen Erdentagen tat, auf Beelzebub – den Obersten der Teufel – gedeutet werden und man *darüber* den Namen des Sohnes Gottes verflucht.

Worin besteht diese Sünde?

Wir gehen von Matthäus 12, 31 aus. Der Herr hatte vor den Augen der Pharisäer und Obersten des Volkes jene Wunder getan, die in den Schriften der Propheten *als Kennzeichen der Messianität Jesu* angezeigt waren.

Diese Wunder waren daher etwas Einmaliges.

Sie sollten nicht irgend etwas oder irgend jemand bekannt und interessant machen. Sie waren vielmehr die legitimen Zeichen dafür, daß alles, was Jesus in den Tagen Seiner Selbsterniedrigung über Sich selbst aussagte, wirklich ernst zu nehmen sei. »Glaubet mir, daß ich im Vater und der Vater in mir ist; wo nicht, so *glaubet mir doch um der Werke willen*« (Joh. 14, 11). Es waren – wie gesagt – jene besonderen Werke und Wunder, die sowohl ihrem Inhalt als auch ihrem Umfang nach, *Ihn* Seinem Volk als den bevollmächtigten Messias Israels beglaubigen sollten. Bei diesen Wundern ging es um entscheidend höhere Legitimationen, als sie etwa den Aposteln und Boten Jesu Christi in späteren Zeiten gegeben wurden. Das war der einmalige Sinn der Wunder *Jesu*, daß sie *Ihn* auswiesen als den vom Heiligen Geist ohne Maß gesalbten Heiland der Welt.

Und hier lag die schwere, gefährliche Sünde der Pharisäer! Nicht, daß Wunder geschahen und die Pharisäer diese Wunder ablehnten, sondern daß sie die Wunder *Jesu* ab-

lehnten, durch die Er, der vom Heiligen Geist gesalbte Messias, vom Vater bestätigt war als der eingeborene Sohn Gottes, Schöpfer, Erlöser und Herr der Welt, das ist der erschütternde Ernst ihres Tuns.
Man übersehe bei der Frage nach der »Sünde (Lästerung) wider den Geist« nicht, daß Jesus die unerhörten Zeugnisse Seiner Existenz als Gottessohn *in der Knechtsgestalt des »Menschensohnes« ausgesprochen hatte.* Man konnte Ihn daher sehr wohl verkennen. Jesus gesteht diese Möglichkeit auch deutlich zu: »Wer etwas wider des Menschen Sohn redet, dem wird es vergeben« (Matth. 12, 32). Nun aber kam durch den Heiligen Geist die gewaltige Legitimation der geweissagten Messiaszeichen hinzu. Doch – weder vor dem messianischen Wort des Menschensohnes noch vor dessen messianischen Wundern, die Ihm durch die Salbung des Heiligen Geistes gegeben waren, streckte der Widerstand der Obersten des Volkes die Waffen. Seine Wunder verwiesen diese schließlich ins Reich des Teufels. »Aber die Pharisäer sprachen: Er treibt die Teufel nicht anders aus denn durch Beelzebub, der Teufel Obersten« (Matth. 12, 24). Das war die letzte Grenze, noch zur Erkenntnis der Messianität Jesu zu gelangen. Wer sich aber auf solche Weise wider die Erkenntnis des Sohnes Gottes und damit des einzigen Heils der ganzen Welt verschließt, hat »fürder kein anderes Opfer für die Sünde, sondern ein schreckliches Warten des Gerichts und des Feuereifers, der die Widersacher verzehren wird« (Hebr. 10, 26 ff.).

Daraus ergibt sich die weitere Frage:
Ist die versagte Anerkennung von heutigen Wundertätern mit dieser Sünde gleichzusetzen?
Anders gefragt: Muß diese »unverzeihliche Sünde« auch dort befürchtet werden, wo man Männern und Bewegun-

gen, die sich mit Wunderzeichen einführen, prüft und gegebenenfalls die Anerkennung versagt?

Die Art, wie vielfach diese von uns gemeinten Wundertäter der Neuzeit darauf bestehen, daß man sie anzuerkennen habe, erweckt den Eindruck, als ob es so wäre. Aber hat ein Mensch – hat eine Bewegung das Recht, mit einem Hinweis auf angebliche oder auch wirkliche Wunder, in der gleichen Weise wie der Sohn Gottes die Anerkennung einer göttlichen Sendung zu fordern? Hat ein Mann oder eine Frau das Recht, dort, wo man sich ihnen versagt, Strafgerichte Gottes anzudrohen? Muß folglich ein gläubiger Mensch, der trotz aller Wunderdinge, enthusiastische Neologien (Neubildungen) und Bewegungen nicht zustimmen kann, in der Angst leben, er könnte mit seinem Widerstand die Sünde wider den Heiligen Geist begehen? – *Niemals!* Selbst wenn ein einzelnes Gotteskind oder ein großer Teil der Gemeinde sich in einer solchen Ablehnung geirrt haben könnte, ist *diese* Sünde nicht geschehen. Sie könnte auf diese Weise gar nicht begangen werden. Wir möchten das, der hohen Bedeutung dieser Sache wegen, im folgenden noch genauer begründen:

Gefährliche Überschätzungen

Wir fassen zunächst das bisher Gesagte zusammen:

Die Lästerung des Heiligen Geistes kann nur dort begangen werden, wo man Jesus auf Grund Seiner als verteufelt gedeuteten Wunder ablehnt und Ihn als seinen persönlichen Erretter schmäht. Niemals aber ist diese Sünde dort geschehen, wo man Ihn liebt, an Ihn glaubt und Ihn als seinen persönlichen Erretter bekennt.

Wir müssen aber noch einen Schritt weitergehen und fragen:

Ist es nicht eine gefährliche Überschätzung heutiger Wunder überhaupt, wenn jemand sie tut und bei dem geringsten Zweifel seiner Beobachter sich mit einem »Anathema« auf Matthäus 12, 31 beruft?

Wir sind überzeugt, daß hier ein großer Irrtum auf der Seite des Wundertäters und seiner Bewunderer vorliegt. Es ist das Zeichen einer bedenklichen Selbsteinschätzung und Überheblichkeit, wenn sich »christliche« Wundertäter bei einem negativen Befund der Prüfung durch urteilsfähige Glieder der Gemeinde Jesu, gereizt und empfindlich neben das Wundertun Jesu stellen.

Es gibt *ein* Wunder, vor dem jede charismatische Wundererscheinung – auch wo sie echt wäre – abgewertet wird. Nämlich das *Wahrheitswunder* der Bibel. Das Wunder der biblischen Botschaft ist tausendfach wichtiger als jedes Zeichen, das *bestenfalls* auf die Botschaft *hinzuweisen* vermag. Es spricht von vornherein gegen jeden Wundertäter, wenn er auftritt als stünde er unter einem Sonderschutz Gottes und als würde ohne sein Auftreten das eigentliche Evangelium überhaupt nicht auf den Markt gebracht werden. Wenn dann noch unter Berufung auf Matthäus 12, 31 die Gegner mit dem Pathos einer Fluchandrohung aus dem Feld geschlagen werden sollen, dann hat sich der Schwarmgeist komplett verraten.

Hier ein Gegenbeispiel:

Paulus wurde, trotz mancherlei Wundertaten, die Gott durch seine Hand geschehen ließ, von gewissen gläubigen Brüdern abgelehnt. Und dies zum Teil aus recht fragwürdigen Gründen. Er schreibt darüber im Philipperbrief, daß ihn das schmerze. Er weiß sich als Apostel Jesu Christi berufen, ins »Amt gesetzt« und bestätigt. Dazu wußte er nur zu genau, daß die unfaire Handlungsweise seiner Gegner mit der fleischlich-bösen Absicht geschehe, »seinen Banden eine Trübsal zuzuwenden. Was tut's aber«, fügt er an, »daß nur Christus verkündigt werde allerleiweise« (Phil. 1, 15–18). Nicht die geringste Spur eines »Anathema« darüber, daß man sich über die wunderbaren Dinge, die Gott durch seine Hand geschehen ließ, augenscheinlich und ohne Bedenken hinweggesetzt hatte. Dasselbe können wir bei *Petrus* an Pfingsten feststellen. Er hat gewiß das Wort von der Sünde, »die nicht vergeben werden kann«, mit eigenen Ohren aus dem Munde Jesu gehört. Und doch denkt er nicht daran, es gegen jene einzusetzen, die am Pfingsttag über das Geistwunder spotteten, als sie behaupteten: Sie sind voll süßen Weins! (Apg. 2, 13). Petrus vermerkt nur, daß diese an den Haaren herbeigezogene Deutung des Pfingstwunders schon daran scheitern müsse, daß ja erst »die 3. Stunde des Tages« sei.

Man könnte nun freilich dagegen ins Feld führen, daß Jesus zu Seinen Jüngern sagte: »Wer euch hört, hört mich, und wer euch verachtet, der verachtet mich. Wer aber mich verachtet, der verachtet den, der mich gesandt hat« (Luk. 10, 16). Ein wahrhaft ernstes Wort. Es besteht zu Recht in aller Kraft. Aber eben: »Wer euch *hört!*« Darauf kommt es an! Ob die Christusverkündigung mit oder ohne erkennbare Wunderzeichen geschieht, bleibt hier ohne Belang. Johannes der Täufer »tat kein Zeichen« sagt Jesus in Johannes 10, 4. Seine Botschaft war darum nicht weniger verbindlich als die der anderen Jünger. Er kam »im Geist und in der Kraft des Elias«, ohne daß er damit auch die Wunder des Elias getan hätte. Dabei bezeichnet ihn unser Herr als den »Größten unter allen, die von Weibern geboren sind« (Matth. 11, 11).

Was tun demgegenüber moderne Wundertäter aller Art? Sie tun, als ob ihre wirklichen oder in vielen Fällen auch nur aus Zahlenmeldungen bestehenden Wunder, verpflichtende Zeichen des Himmels sein müßten. Sie lassen sich zu überlegenen Größen des Reiches Gottes ausrufen. Ihre

Taten sind gleichsam das göttliche Protektorat ihrer Person und ihrer Botschaft. Letzteres ist um so bedenklicher, als in nicht seltenen Fällen die Botschaft solcher Leute in neuen, unkontrollierbaren Geistoffenbarungen besteht, die zwar mit biblischem Gedankengut durchsetzt sind, in Wirklichkeit aber an entscheidenden Stellen dem Geist des Evangeliums widersprechen oder ihn doch schmerzlich vermissen lassen. Die Anhänger folgen ihnen jedoch meist blind. Es bedarf ja bei den meisten Menschen – und leider auch bei manchen Gläubigen – oft nur einiger Wundertaten und schon läuft die Menge und ruft ihr »Hosianna«! Hier *geschieht* doch wenigstens etwas, wird dann gesagt. Dem Wundermann oder der Wunderfrau wird alles abgenommen. Es braucht nur von ihnen gesagt zu werden: »Wir heilen eure Kranken!« Wer hingegen »keine Wunder« tut, dem fehlt, nach vieler Urteil, die »Vollmacht«.

Wo aber liegt der Schwerpunkt?

Es müßte eigentlich jedermann einsichtig sein, daß es bei der besprochenen Einschätzung der Wundergaben unvermerkt zu einer Schwerpunktsverlagerung gekommen ist. Wir wiederholen unsere obige Feststellung: Ob die Pharisäer damals Jesus ablehnten und Seine Wunderwerke dem Teufel zuschrieben, oder ob die Gemeinde Jesu heute einem beliebigen Wundertäter, der im Namen Jesu aufzutreten vorgibt, die Anerkennung versagt, ist ein Unterschied wie Tag und Nacht. Es ist der Gemeinde Jesu geradezu zur Gehorsamspflicht gemacht, einen Wundertäter oder eine Wundertäterin nicht hinzunehmen, nur weil sie von Jesus reden und Außerordentliches leisten in Krankenheilung, Zungenreden, Weissagen, Gesichtesehen oder gar auf dem Gebiet der Dämonenbeschwörung. Die Vollmacht eines Gottesboten liegt in seiner Berufung, die frohe Botschaft vom Heil in Christo unverkürzt und unverzerrt zu verkündigen. Dabei hat die Gemeinde nicht nur das Recht, sondern die Pflicht, zu prüfen, ob ein Bote *diese* Beglaubigung seiner Echtheit hat oder nicht (Apg. 17, 11). Nicht das Wunder, das einer tut oder nicht tut, sondern die Lehre und die Weise seines Auftretens muß der Prüfstein sein.

Wir sagten es eingangs: *Wunder sind mehrdeutig*. Wenn uns der Aufbruch der Pfingstbewegung und seine Ausbreitung auf Weltebene *eines* gelehrt hat, dann *dies*. Vor allem aber wissen wir es vom Sohn Gottes selber, wenn Er sagt: »Es werden viele zu mir sagen an jenem Tage: Herr, Herr!, haben wir nicht in Deinem Namen *geweissagt*, haben wir nicht in Deinem Namen *Teufel ausgetrieben*, haben wir nicht in Deinem Namen *viele Taten* getan? Dann werde ich ihnen bekennen: »Ich habe euch noch nie erkannt; weichet alle von mir, ihr Übeltäter« (Matth. 7, 22 f.). Kann es noch deutlicher gesagt werden? – Nein – nicht das Prüfen und erforderlichenfalls ein klares Nein ist Sünde, sondern ein unbesehenes Hinnehmen solcher Leute würde der Gemeinde zum Fallstrick und müßte als schweres Versagen der Wächterpflicht, ja als *große Sünde* bezeichnet werden.

Endzeitliche Wunderkräfte

Die klare Warnung

Es ist uns im prophetischen Wort der Schrift ausreichend deutlich gemacht, daß der Teufel bei der Vorbereitung des letzten Generalsturms gegen die Glaubensgemeinde, sich des Einsatzes verführerischer Wunderkräfte bedienen wird: »So alsdann jemand zu euch wird sagen: Siehe, hier ist Christus! oder: da! so sollt ihr's nicht glauben. Denn es werden falsche Christi und falsche Propheten aufstehen und *große Zeichen und Wunder* tun, daß verführt werden in den Irrtum, wo es möglich wäre, auch die Auserwählten. Siehe, ich habe es euch zuvor gesagt« (Matth. 24, 23 und 24).

In der Endzeit also, am Vorabend der Wiederkunft Christi, werden, nach dem Zeugnis Jesu, Wunderkräfte und Wundertäter aller Art ein raffiniert ausgeklügeltes System in der Hand des Teufels sein, um den Blick von der Glaubensmitte weg auf einen anderen Mittelpunkt zu richten. Und immer, wo dies gelingt, ist der Einbruch der Finsternis geschehen. Einzelne Gläubige oder ganze Kreise werden in eine falsche Richtung abgedrängt, die Gemeinde wird zerrissen und ihre Zeugniskraft gelähmt. Auf solche Endzeitsiege legt es der Teufel an.

Es dürfte keinen Gläubigen geben, der sich über solch ernste Warnungen der Schrift hinwegsetzt! Auch dann nicht, wenn dazu der Name Jesu reichlich benutzt wird und dabei auch augenscheinliche Wunderkräfte am Werke sind.

Keine Rede, daß die modernen Wundertäter aus dem schwarmgeistigen Raum um ihrer Wunder willen die Zustimmung der Gemeinde Jesu erwarten dürften. Wenn dann die begründete Zurückhaltung der Gläubigen mit ausfälliger Beschimpfung und Gerichtsandrohung beantwortet wird, kann dies unsere Bedenken nicht zerstreuen, sondern nur verstärken.

Urgemeinde und Endgemeinde in einer wichtigen Unterscheidung

Um die Wundertäter schwarmgeistiger Bewegungen zu tolerieren oder ihnen gar Raum zu verschaffen, kann man heute des öfteren hören: »Das Ende kehrt zu seinem Anfang zurück.« Das mag durchaus zutreffen, wenn es um Verfolgung und Leiden um Christi willen geht. Anders jedoch liegt der Fall, wenn es um die Frage nach den Wundern geht. Die Wundergaben, die der erhöhte Herr im Bereich der Urgemeinde schenkte, waren vor Freund und Feind echte Beweise dafür, daß Er auferstanden und in den kleinen, schier unscheinbaren Gemeinden, wirklich gegenwärtig ist. Diese Beweise konnte man nicht vom (noch gar nicht vorhandenen) Neuen Testament ableiten. Hier mußte zweckmäßigerweise mit sichtbaren Bezeugungen und Offenbarungswundern in Gericht und Gnade nachgewiesen werden, daß Gott auf Erden ein Neues begonnen hat. Dabei war die Echtheit solcher Offenbarungswunder jedermann einsichtig. Nach dem Strafwunder an *Ananias und Saphira* bezeugt die Apostelgeschichte: »Und es kam eine große Furcht über die ganze Gemeinde und über alle, die solches hörten. Es geschahen aber viele Zeichen und Wunder im Volk durch der Apostel Hände; und sie waren alle in der Halle Salomos einmütig. Der andern aber *wagte keiner, sich zu ihnen zu tun,* sondern das Volk hielt groß von ihnen« (Apg. 5, 11–13). Die einhellige Überzeugung aller, ob Glaubensgemeinde oder Welt, war, daß die Wundertaten der Apostel ein echtes Handeln Gottes waren und die kleine, schwache Anfangsgemeinde legitimierten.

Ehe der Herr wiederkommt, wird, nach den Aussagen des prophetischen Wortes, die Lage eine andere sein. Die Gemeinde wird, wie wir sahen, vor dem Auftreten »christlicher« Wundertäter gewarnt. Selbst Wundererscheinungen wie Weissagen, Reden in anderen Zungen, viele Taten, ja selbst das Austreiben von Dämonen (als eine Art Scheinrückzuges der Finsternis) sind nach der Schrift – so seltsam es klingen mag – Kraftmanifestationen Satans, die er gegen die Gemeinde des Glaubens einsetzt, um ihre Glieder auf alle Arten zu verwirren und zu verführen. Er will sie für einen *anderen Geist*, für einen *anderen Jesus* und für ein *anderes Evangelium* gewinnen (2. Kor. 11, 4).

In diesem Zusammenhang möchten wir noch auf ein u. E. ungemein wichtiges Wort Jesu hinweisen: Der Sohn Gottes beschreibt in Lukas 17, 22 f. die Lage der endzeitlichen Gemeinde mit folgenden Worten: »Es wird die Zeit kommen, daß ihr werdet begehren (also ein heißes Verlangen haben!) zu sehen *einen* Tag des Menschensohnes und werdet ihn nicht sehen. Und sie werden zu euch sagen: ›Siehe hier, siehe da!‹ Gehet nicht hin und folget auch nicht.«

Nach diesem Wort Jesu hat die Gemeinde des Endes in Dingen der Wundererwartung (Tag des Menschensohnes!) mit dem Schweigen Gottes zu rechnen. »Ihr werdet den (heiß) begehrten Tag besonderer Machtoffenbarungen des Herrn *nicht* sehen.« Es wird also der Endgemeinde Leidensbereitschaft und ein weithin wunderloser Weg zugemutet werden.

Doch sollte der Hinweis Jesu gewiß nicht so verstanden werden, als dürften in der Endzeit überhaupt keine Wunder mehr von Gott erwartet werden. Daher abschließend noch ein beachtenswertes und gewiß auch hilfreiches Wort des bekannten Theologen *Alfred Christlieb.*

Dieser edle Christ und Seelsorger sagt zur Frage nach der Erwartung göttlicher Wunder und Zeichen: »Nach der Lehre der Apostelgeschichte dürfen wir, wenn es zur Bestätigung des Wortes Gottes nötig ist, getrost mit den ersten Christen bitten: ›Herr, strecke Deine Hand aus, daß Gesundheit und Zeichen und Wunder geschehen durch den Namen Deines heiligen Knechtes Jesu‹« (Apg. 4, 30). »Wir wollen aber«, fährt Christlieb fort, »mit dieser Bitte vorsichtig sein. Der Herr allein sieht alle Dinge voraus. Er weiß, ob wir durch die Verleihung von Wundern nicht geradezu vom Wort abgelenkt würden. Deshalb wollen wir bitten, Er wolle Zeichen und Wunder da geben, wo sie in obigem Sinne nötig sind; Er wolle aber Zeichen und Wunder zurückhalten, wo sie uns von Ihm und Seinem Wort abhalten könnten. Der Herr selbst und Sein Wort sollen uns immer die Hauptsache bleiben.«

Nicht Wundersucht,
sondern getroste Erwartung in Glaube und Hoffnung

Pastor Christlieb schließt mit obigem feinen und grundsätzlichen Wort zur Wunderfrage keineswegs aus, daß Gott jederzeit, also auch heute, das Außerordentliche tun kann. Wunder auf Erden sind Natur im Himmel, sagt *Jean Paul,* der scharfsinnige und fromme Denker. Das Eingreifen Gottes mit »Wundern auf Erden« ist jederzeit möglich. Aber der Mensch soll, bei seiner Bitte um Wunder, »vorsichtig« sein. Am meisten in der Endzeit. In jedem Fall müssen wir beim Angebot des Wunders den Ausgangspunkt der Wundertäter und ihrer Tätigkeit sorgfältig prüfen. Wo sich Wunder offenkundig im Raum schwarmgeistiger Bewegungen anbieten, wo sie marktschreierisch vertreten werden, menschliche Namen zum Klingen bringen und die Gemeinde spalten, da ist Alarmstufe I gegeben. Und in solchen Fällen ist der Gedanke, durch ein klares Abrücken von solchen Angeboten, dem Geist Gottes zu widerstehen oder gar (wie es aus der oben angeführten Schwesternschaft, Gnadau gegenüber behauptet wurde) »in die Nähe der Sünde wider den Heiligen Geist gekommen zu sein« eine Eingebung des Feindes. Er will sich nicht verraten sehen. Man sollte sich daher auch im Gemüt nicht ängstigen lassen. Hier entscheidet nur die Prüfung des »führenden Geistes« anhand des biblischen Wortes. *Auch »das Gute«*, das bei solchen Bewegungen oft durchaus festgestellt werden kann oder *»das Sympathische«* ihrer Vertreter, darf hier nicht ins Gewicht fallen. Ein Giftbecher kann 99 Prozent guten Quellwassers enthalten und ist doch tödlich. Es besteht begründete Sorge (und zwar auf Grund mannigfacher Erfahrungen!), daß auch schon die leiseste Form einer Zuneigung zu schwarmgeistlichen Erscheinungen gefährlich werden kann. Es gibt Gläubige, die den ekstatischen Kreisen und ihren Vertretern gegenüber eine wohlwollende Neutralität wahren möchten. Sie könnten zwar pfingstlerischen Strömungen aus ganz gewissen Hemmungen heraus, nicht beitreten und doch wagen sie keine offene Absage. Sie sehen durchaus das Bedenkliche ein, meinen aber, es übersehen zu können. Was ihnen dabei aber nicht deutlich sein mag, ist dies: sie stellen sich mit ihrer Haltung – auch wenn sie es nicht wollen – in einen Gegensatz zum Geist des Herrn. Sie betrüben Ihn, versündigen sich an der Wächterpflicht der Gemeinde und begünstigen die Verführung der Gefährdeten.

Das alles hat uns schon eingangs dieser Schrift der Verfasser ihres Hauptteils, *W. G. Broadbent*, eindrücklich gesagt und begründet. Damit wird das andere nicht aufgehoben, was wir zum Abschluß dieses Büchleins noch einmal unterstreichen möchten:

Das klare Nein gegen alle schwarmgeistigen Bewegungen und ihre Verfechter darf niemand an der Freudigkeit hindern, über seinen leiblichen und sonstigen Nöten den Herrn anzurufen. Auch nicht daran, daß man im gegebenen Fall priesterliche Menschen nach Jakobus 5, 14 ff. um ihre Handreichung bittet. Wir wissen von mancherlei stillen Wundern, die dort geschehen, wo man unverkrampft und in kindlicher Glaubenseinfalt das Wort in Anspruch genommen hat: Der Leib für den Herrn und *der Herr für den Leib* (1. Kor. 6, 13). Geschieht dann das erbetene Wunder einer mittelbaren oder unmittelbaren Erhörung und Hilfe, so preist man den Herrn. Ist einem Heilung oder sonstige Hilfe versagt, so wird man unter Gottes Händen stille ohne dabei die Verheißung aufzugeben. –

»Haben wir Gutes empfangen von Gott und sollten das Böse nicht auch annehmen?« (Hiob 2, 10).

Was aber immer auch auf dem Gebiet echter Glaubensheilung geschehen mag, es sind allemal nur »Brosamlein, die von des Herrn Tische fallen«. Das mit der Rechtfertigung des Sünders empfangene Heil ist unendlich größer und herrlicher als irgend eine erwartete Heilung. Grundsätzlich gilt von der Leiblichkeit – dem noch unerlösten Überrest unserer adamitischen Herkunft – das Wort aus Römer 8, 23: »Wir warten auf unseres Leibes Erlösung.« Nur nicht herbeizwingen wollen, was grundsätzlich dem Hoffnungsbereich angehört. »Wir wandeln im Glauben und nicht im Schauen«, sagt Paulus im 2. Korintherbrief (Kap. 5, 7). Nicht das Erlebnis eines sinnenfälligen Wunders – so sehr es Gott jederzeit zu geben imstande wäre – sondern der *Glaube* ist im heutigen »Äon der Gemeinde« die Norm unserer christlichen Existenz. Sie eigenmächtig aus der Mitte zu schieben, hat niemand ein Recht. Jede religiöse Schwärmerei ist Sturz in die Unwirklichkeit, ist Flucht aus der Zucht in die Sucht, und öffnet fremden Mächten die Tür. Davor sollen wir uns hüten!

Unser tägliches Verlangen beschränkt sich nicht auf die »Pfennige in Gottes Hand«, wie jemand gesagt hat. Es geht nach Ihm selbst und nach Seinem Wort. Das ist das »Ordentliche«. Ob uns auch die oft rührenden Beigaben im »Außerordentlichen« gegeben werden oder nicht, dürfen wir gerne ins Gebet nehmen und dann die Erhörung Seiner weisen Voraussicht überlassen.

Es geht um den *Glauben,* »der aus dem Wort gezeuget / und aus dem Wort sich nährt, / der vor dem Wort sich beuget / und mit dem Wort sich wehrt.«

Wo solcher Glaube geweckt wird und wächst, da ist auch die Frage nach dem Wunder in echter Weise gelöst.

WEITERE BÜCHER IM VERLAG DER LIEBENZELLER MISSION (AUSWAHL):

Ernst Buddeberg/Lienhard Pflaum
Wie gelange ich zur Heilsgewißheit?
EDITION C Nr. G 2
64 Seiten, Paperback

Dieses Büchlein zeigt auf, wie das Thema „Heilsgewißheit“ im Lauf der Jahrhunderte gesehen wurde und gibt deutlich und klar die Antwort auf die im Titel gestellte Frage. So kann es zu einem frohen, getrosten Christenleben verhelfen.

Ernst Modersohn
Die Treuen der letzten Zeit
Biblische Betrachtungen über den Brief des auferstandenen und wiederkommenden Herrn an die Gemeinde in Philadelphia
EDITION C Nr. G 200
80 Seiten, Paperback

Inzwischen haben die endgeschichtlichen Entwicklungen deutlich eingesetzt.

Darum ist das Wort Ernst Modersohns, das er der Gemeinde Jesu für diesen letzten Wegabschnitt vor der Wiederkunft des Herrn zu sagen hat, für uns heute noch wichtiger als damals zur Zeit des ersten Erscheinens dieser Schrift.

Johannes Seitz
Erinnerungen und Erfahrungen
EDITION C Nr. C 152
180 Seiten, Paperback

Durch den Dienst von Pfarrer Blumhardt, Möttlingen, kam der Funke der Erweckung in den Heimatort von Johannes Seitz. Sein Elternhaus war eine Zeitlang Zentrum dieses starken geistlichen Lebens. Auch der spätere Dienst im Reich Gottes von Seitz geschah vollmächtig, erwecklich und hinterließ viel geistlichen Segen. Er gründete den Reichsbrüderbund (heute Württembergischer Brüderbund), die Evangelische Karmelmission und die Erholungsheime in Preußisch-Bahnau, Limbach und Teichwolframsdorf.

Seine Erfahrungen, u. a. im Blick auf Krankenheilung und die sogenannten Pfingstgaben, sind auch heute noch wegweisend und hilfreich.